COLLEZIONE DI TEATRO

189.

Titolo originale *Reigen*

© 1959 e 1983 Giulio Einaudi editore s.p.a., Torino

ISBN 88-06-41111-X

Arthur Schnitzler

GIROTONDO

A cura di Paolo Chiarini

Giulio Einaudi editore

Di tutto il teatro di Schnitzler *Girotondo* è forse il pezzo piú celebre, almeno di nome (grazie anche al notissimo film di Max Ophüls *La Ronde*, 1950), per la spregiudicatezza del tema che affronta e per la crudezza realistica con cui stringe, entro il rapido ritmo di «balletto meccanico» delle sue dieci scene, gli «incontri» piú o meno occasionali di altrettante coppie scelte a rappresentare tutti indistintamente i ceti e gruppi sociali: dal soldato all'aristocratico, dalla signora borghese alla domestica, dall'intellettuale alla prostituta. Per Schnitzler possono variare, a seconda del temperamento e dei gusti, della psicologia e della formazione morale, i modi entro cui si realizza – nell'avventura amorosa – l'approccio dell'uomo alla donna (o viceversa): quel che non muta mai, invece, è la reazione finale, la conclusione stessa dell'avventura, che vede tutti accomunati in un piú o meno esplicito senso di distacco verso la persona che hanno di fronte e con la quale essi l'hanno condivisa. «Post coitum animal triste», come ricorda il conte, sebbene con parole leggermente diverse, nel dialogo con l'attrice. Significherebbe tuttavia calcare troppo la mano, se dicessimo che i personaggi di questo *Girotondo* schnitzleriano approdano ad una condizione di «nausea»; piuttosto, si avverte – nella maniera con cui l'autore conduce la vicenda a ripetere per dieci volte il medesimo ciclo – l'intenzione di mostrare come l'amore, che dapprima sembrerebbe esprimere l'intenso accendersi di una prepotente passione e un insopprimibile istinto di vita, finisca poi per raffreddarsi di colpo e svelarsi come fine meccanicamente perseguito, spegnendosi nell'abitudine. Ciò che Schnitzler ci propone, *ex negativo*, è dunque la difficoltà del *vero* amore, dell'eros inteso come fruizione globale, e non puramente fisica, dell'essere; posto in primo piano nella sua nuda forma di pulsione biologica, esso non può che risultare trascritto in termini di analisi clinica e freddamente scientifica. Il resto – «strategie» di approccio, motivazioni sentimentali, climi psicologici – non è che orpello e vuota *attrappe*, su cui quella pulsione si rileva, in modo tanto piú netto, come l'elemento primario.

Un simile atteggiamento, in cui sia quasi sempre smorzata una autentica vibrazione dei sentimenti, in cui sia spenta ogni passione anche polemica e tutto venga lasciato all'oggettiva descrizione dei fatti e delle situazioni, non poteva non indurre l'autore in serie perplessità, di cui egli ebbe piena consapevolezza. Il 7 gennaio 1897 scriveva da Vienna a Otto Brahm, direttore del «Deutsches Theater» di Berlino: «Adesso sto lavorando a dieci dialoghi, una colorita sequenza (*Girotondo*); certo, qualcosa di piú irrappresentabile non s'è ancora visto»[1]. Terminato il lavoro, era incerto se pubblicarlo o meno, e intanto ne preparava un'edizione privata a tiratura ridotta; in seguito gli parve difficile che se ne potesse realizzare una rappresentazione, ma comunque si preoccupava di precisare che qualsiasi addomesticamento del testo, anche soltanto marginale, avrebbe svisato del tutto il significato dell'opera. Spettò a Max Reinhardt, soppressa la censura imperiale subito dopo la fine della grande guerra, di portare sulla scena e al successo i dieci pezzi di *Girotondo* al «Kleines Schauspielhaus» di Berlino (1920-21). Ciò avveniva, tuttavia, non senza contrasti, che fra l'altro causarono all'intera compagnia un processo[2] ricco di clamorosi sviluppi e di risonanza internazionale; mentre a Vienna, dove il lavoro era stato ospitato ai «Kammerspiele», si giunse persino a interpellanze in parlamento e a tumulti in sala.

Altre sono ovviamente, nella prospettiva attuale, le difficoltà di una riproposta di *Girotondo*, oggi che è caduto il motivo di impatto piú violento sul pubblico, nel senso che è profondamente mutato il suo costume sessuale. Il problema, in altri termini, è di riportare alla luce, al di là dell'esibito congegno – appunto – del «girotondo», le strutture profonde che lo sorreggono e che ne alimentano la funzione. In questa prospettiva le due componenti che contribuiscono piú marcatamente a organizzare il testo sono da un lato la «forma drammatica», dall'altro la «forma teatrale». La prima è quella piú direttamente legata alla dimensione verbale, alla parola, anche se naturalmente si tratta pur sempre di «parola scenica» destinata a realizzarsi nella conflittualità dialogica e insieme nell'incontro di pia-

---

[1] Cfr. *Der Briefwechsel Arthur Schnitzler - Otto Brahm*, a cura di O. Seidlin, Berlin 1953, p. 57.
[2] Per il quale cfr. W. HEINE, *Der Kampf um den Reigen*, Berlin 1922 (vedine uno stralcio in *Teatro nella Repubblica di Weimar*, a cura di P. Chiarini, Roma 1978, pp. 66-67).

ni espressivi diversi, nel rapporto lingua-dialetto, ecc. La «forma teatrale», viceversa, chiama in causa i modi in cui, all'interno del testo, si struttura l'azione (azione che, ben inteso, vuol dire a sua volta anche parola): essa è, in altri termini, la «chiave drammaturgica» del lavoro. Fra questi due ordini o livelli formali si determinano continue interferenze: ma è opportuno tenerli distinti come momenti che godono di una loro (relativa) autonomia e si precisano – appunto – in un gioco di reciproci rapporti.

La «forma drammatica» si realizza in primo luogo nel linguaggio della banalità, del quotidiano piú opaco e indifferenziato o addirittura del *Kitsch*, nonostante la (apparente) caratterizzazione psicologico-sociale che differenzia il lessico dei singoli personaggi. E usiamo a bella posta l'aggettivo «apparente», giacché se è vero che quei personaggi parlano sempre, per cosí dire, *dall'interno* del loro ruolo, lo fanno per altro – costantemente – al diapason di una rappresentatività retorica, da «maschere» piú che da individui. Il loro, insomma, è un vero e proprio «gergo dell'inautentico», un flusso di parole che provengono dal vuoto e sprofondano di nuovo nel vuoto («proprio le cose di cui piú si parla non esistono» dice il conte all'attrice nel penultimo quadro). Preso in sé, questo linguaggio stereotipo e convenzionale non è chiaro se sia il frutto di un progetto consapevolmente perseguito oppure costituisca il residuo di una tradizione «boulevardière» che Schnitzler ben conosceva (e che, ad esempio, è presente in modo esplicito nel giovanile *Anatol*). Si tratta di un problema che investe non solo *Girotondo* ma, a ben guardare, l'intero teatro schnitzleriano: fino a che punto un personaggio si confessa, e quando incomincia a disegnare la propria caricatura? qual è il limite esatto fra la riproduzione e l'invenzione? quand'è che Schnitzler abbandona la difesa di un personaggio per lasciarlo al suo destino, o addirittura per volgerglisi contro? Ma per tornare al problema che in questo momento ci interessa piú da vicino: solo nel suo rapporto dialettico con la macchina scenica del testo il «Jargon der Uneigentlichkeit» di *Girotondo* si riscatta da una sua oggettiva condizione di inerzia.

Tuttavia è la «forma teatrale» l'elemento specificamente schnitzleriano del lavoro, il suo contributo a una nuova drammaturgia del grottesco. La struttura ad incastro del «girotondo» è infatti un consapevole ribaltamento del «teatro dell'imprevisto», del teatro leggero e da «boulevard» (e dunque anche, per certi aspetti, dell'*Anatol*), in un teatro dell'iterazione, della coazione a ripetere. Il meccanismo può sembrare (ed è infatti) schematico, ma possiede – in realtà – una sua brutale efficacia. Se *Anatol* aveva teorizzato la sfera dell'eros come il luogo – sia pure patologico – delle metamorfosi infinite e delle variazioni inesauribili («si è sani sempre alla stessa maniera, mentre si è malati in modi ogni volta diversi»), *Girotondo* la ripropone invece come «eterno ritorno dell'eguale» [1], come legge biologica e ineluttabile alla quale non si sfugge cosí come non si sfugge alla morte. Eros e Thanatos, del resto, ci appaiono qui quali pulsioni omologhe [2], nel senso che anche il primo emerge dalle pagine schnitzleriane come perdita di sé, smemoramento nel flusso di una vitalità indistinta e «balbettante», come dissoluzione del «principium individuationis» e dunque come immagine di morte (ma insieme, altresí, come unico momento «vero» rispetto alle finzioni e ipocrisie della vita sociale).

Se quanto fin qui detto ha un minimo di plausibilità, una lettura scenica attenta del testo schnitzleriano dovrebbe evitare sia il ricatto della «macchina teatrale», capace di trasformarsi in una vera e propria trappola generatrice di noia (si pensi ai limiti di un allestimento per altro meritorio come quello curato da Luciano Lucignani nel 1959 per il «Teatro Parioli» di Roma), sia il privilegiamento della dimensione dialogica, talvolta ridotta (come nel rifacimento realizzato nel 1981 da Gian Maria Volonté) alla figura di un monologo e delle sue molteplici, simboliche proiezioni. Certo, la «ripetizione» ha un suo significato preciso e non può in alcun modo essere elusa; essa va piuttosto «ritualizzata», contro ogni tentazione da teatro di costume (la «colorita sequenza» di cui parlava lo stesso Schnitzler), in quan-

---

[1] Che si ripresenta anche nella forma di una radicale banalità quando la ragazzina da un lato (quadro VI) e il conte dall'altro (quadro X) scoprono nei rispettivi partner l'esatta replica di incontri precedenti.

[2] Il primo ad affrontare in modo organico la connessione fra il tema della morte e quello della vita sessuale nella produzione letteraria schnitzleriana è stato TH. REIK, *Arthur Schnitzler als Psycholog*, Minden s.d. (ma 1913), il quale a proposito di *Girotondo* ha parlato di «danse macabre». Il motivo è stato poi ripreso fra gli altri da W. H. Rey nel saggio monografico *Arthur Schnitzler*, in *Deutsche Dichter der Moderne. Ihr Leben und Werk*, a cura di B. von Wiese, Berlin 1965, pp. 237-57: «Proprio attraverso la monotona ripetizione dello stesso evento la nuda sessualità appare vuota e squallida e di una comicità macabra. Il girotondo della vita si trasforma in danza macabra, la segreta identità di piacere e morte appare manifesta, e da codesta constatazione nasce la (taciuta) nostalgia per ciò che l'autore ha escluso a bella posta dal suo lavoro: il vero amore e la vita autentica» (p. 239). Questo intreccio erotico-funerario affiora, e in maniera nuda ed essenziale, fin dalle prime pagine del testo: «PROSTITUTA: [...] Su, resta con me. Chissà se domani saremo ancora vivi. [...] Sta' attento, è buio qui. Se scivoli, finisci in acqua. SOLDATO: Forse sarebbe la cosa migliore».

to svelamento ineluttabile di quella sostanziale identità tra pulsione erotica e pulsione autodistruttiva a cui prima si accennava (e in questo senso assume un valore emblematico la scena finale, in cui solo una interpretazione «storicizzante» potrebbe leggere un tocco di elegante e malinconica mondanità, e non piuttosto la cifra complessiva dell'intero lavoro: vale a dire l'atto sessuale come smemoratezza di sé e del tempo entro una costellazione di morte). Dal canto suo il dialogo riflette, specularmente, questa specifica condizione: «dice» cioè questa perdita del sé autentico, ripetendo e dunque «ritualizzando» anch'esso le forme di un linguaggio in quanto degradazione e caricatura delle forme di vita. Forse è proprio nella dialettica (che abbiamo qui sommariamente descritta) fra questi due elementi, fra «parola» e «teatro», che occorre dunque cercare il senso piú autentico di un testo per tanti versi «datato» come *Girotondo*.

PAOLO CHIARINI

Roma, 14 aprile 1983.

La versione italiana del testo, apparsa per la prima volta nel volume antologico *Girotondo e altre commedie* (Einaudi, Torino 1959) e riproposta successivamente, in forma immutata, nella «Collezione di teatro», è stata sottoposta, per la presente edizione, a una attenta revisione stilistica e filologica.

GIROTONDO

Personaggi

La prostituta
Il soldato
La cameriera
Il giovane signore
La giovane signora
Il marito
La ragazzina
Il poeta
L'attrice
Il conte

I.

La prostituta e il soldato

Il ponte di Augarten. È sera tardi.

Il soldato giunge fischiettando, diretto in caserma.

PROSTITUTA   Vieni, tesoruccio. (*Il soldato si volta, poi prosegue*). Non vuoi venire con me?

SOLDATO   Ah, sarei io il tesoruccio?

PROSTITUTA   Certo, chi vuoi che sia? Su, vieni con me. Sto qui vicino.

SOLDATO   Non ho tempo, devo rientrare in caserma!

PROSTITUTA   C'è sempre tempo per tornare in caserma. Da me è molto meglio.

SOLDATO (*le si è accostato*)   Può darsi.

PROSTITUTA   Zitto! Potrebbe venire una guardia da un momento all'altro!

SOLDATO   Storie! La guardia! Anch'io ho la mia baionetta!

PROSTITUTA   Su, vieni con me!

SOLDATO   Lasciami in pace, soldi non ne ho.

PROSTITUTA   Ma io non ne voglio.

SOLDATO (*si ferma. Sono vicini a un lampione*)   Non vuoi soldi? E chi sarai mai?

PROSTITUTA   Per i soldi ci sono i borghesi; tu, con me, puoi venirci anche senza.

SOLDATO   Sta' a vedere che sei quella di cui mi ha parlato Huber...

PROSTITUTA   Non conosco nessun Huber.

SOLDATO   Devi essere proprio quella... Hai presente il caffè della Schiffgasse?... da lí, poi, te lo sei portato a casa.

PROSTITUTA   Ne ho portati a casa tanti, dal caffè... e come!...

SOLDATO   Andiamo allora, su!

PROSTITUTA   Perché tanta fretta, adesso?

SOLDATO   Che dobbiamo aspettare? E poi, alle dieci devo essere in caserma.

PROSTITUTA   Da quando sei sotto?

SOLDATO   Che te ne importa? Abiti lontano?

PROSTITUTA   Dieci minuti di strada.

SOLDATO   È troppo lontano. Dammi un bacio.

PROSTITUTA   (*lo bacia*) È quello che preferisco, quando uno mi piace!

SOLDATO   Io no. No, non vengo con te, stai troppo lontano.

PROSTITUTA   Sai che ti dico? Vieni domani nel pomeriggio.

SOLDATO   Va bene. Dammi l'indirizzo.

PROSTITUTA   E poi magari non vieni...

SOLDATO   Ma se ti dico di sí!

PROSTITUTA   Sta' a sentire... se questa sera è troppo lontano arrivare da me... allora... là... (*accenna al Danubio*).

SOLDATO   Che vuoi dire?

PROSTITUTA   È cosí tranquillo laggiú... a quest'ora non passa anima viva.

SOLDATO   Ma non è il posto adatto!

PROSTITUTA   Con me è sempre il posto adatto. Su, resta con me. Chissà se domani saremo ancora vivi.

SOLDATO   Allora andiamo... ma presto...!

PROSTITUTA   Sta' attento, è buio qui. Se scivoli, finisci in acqua.

SOLDATO   Forse sarebbe la cosa migliore.

PROSTITUTA   Ehi, aspetta un momento! Qui vicino ci dev'essere una panchina.

SOLDATO   Sei pratica del posto!

PROSTITUTA   Vorrei uno come te per amante.

SOLDATO   Sarei troppo geloso.

PROSTITUTA   Te la farei passare io, la gelosia!

SOLDATO   Ah!...

PROSTITUTA   Parla piano. Potrebbe capitare una guardia. Chi direbbe che siamo al centro di Vienna?

SOLDATO   Vieni da questa parte.

PROSTITUTA   Ma che ti salta in mente? Se scivoliamo, andiamo a finire in acqua.

SOLDATO (*l'ha afferrata*)   Ah...

PROSTITUTA   Sta' attento...

SOLDATO   Non aver paura...

. . . .

PROSTITUTA   Sulla panchina sarebbe stato meglio.

SOLDATO   Qui o là... su, scansati.

PROSTITUTA   Quanta fretta...

SOLDATO   Devo tornare in caserma, ho fatto già tardi.

PROSTITUTA   Va', va'... Come ti chiami?

SOLDATO   Che t'importa del mio nome?

PROSTITUTA   Io mi chiamo Leocadia.

SOLDATO   Che razza di nome!...

PROSTITUTA   Senti...

SOLDATO   Che altro c'è, adesso?

PROSTITUTA   Via, dammi almeno due soldi per il portiere!...

SOLDATO   Ohè!... Credi che io sia proprio il fesso che paga! Salve, Leocadia!...

PROSTITUTA   Lazzarone! Beccamorto!...

Il soldato è scomparso.

II.

Il soldato e la cameriera

Il Prater. È una domenica sera. Una stradina che dal Wurstelprater conduce nei viali bui.

Si ode ancora confusamente un suono di musica, anche ballabile, una polca volgare suonata da strumenti a fiato. Il soldato, la cameriera.

CAMERIERA   Adesso, però, deve dirmi perché ha voluto andarsene cosí presto. (*Il soldato ride imbarazzato, con aria sciocca*). Era cosí bello! Mi piace tanto ballare! (*Il soldato le mette un braccio intorno alla vita. La cameriera, lasciando fare*) E adesso non balliamo piú. Perché mi stringe cosí forte?

SOLDATO   Come si chiama? Kathi?

CAMERIERA   Lei ha sempre in testa una Kathi!

SOLDATO   Ma sí, certo... Marie!

CAMERIERA   Però com'è buio, qui. Ho paura.

SOLDATO   Quando è con me, non deve aver paura. Grazie al cielo, ho dei buoni muscoli!

CAMERIERA   Dove stiamo andando? Non c'è piú nessuno! Senta... torniamo indietro!... È cosí buio!

SOLDATO (*aspira il suo virginia, facendone avvampare la punta*)   Ecco un po' di luce, su! Tesoro mio bello!

CAMERIERA   Ma che fa? Se l'avessi saputo!

SOLDATO   Signorina Marie, che il diavolo mi porti se oggi, da Swoboda, ce n'era una piú appetitosa di lei!

CAMERIERA   Ma le ha provate tutte?

SOLDATO   Sa, quel che si può capire ballando, e ballando si capiscono tante cose! Eh!

CAMERIERA   Però, con quella bionda che aveva la faccia storta ha ballato piú che con me.

SOLDATO   È una vecchia conoscenza d'un mio amico.

CAMERIERA   Chi, il caporale con i baffi all'insú?

SOLDATO   No, no, quel borghese che al principio stava seduto al mio tavolo, si ricorda?, quello con la voce rauca.

CAMERIERA   Ah, ho capito! Un tipo intraprendente!

SOLDATO   Le ha dato fastidio? Lo metto a posto io! Che le ha fatto?

CAMERIERA   Oh, niente... Ho visto solo come faceva con le altre.

SOLDATO   Senta, signorina Marie...

CAMERIERA   Finirà per bruciarmi, col suo sigaro!

SOLDATO   Pardon!... Signorina Marie, diamoci del tu.

CAMERIERA   Ma se ci conosciamo appena!

SOLDATO   Ci sono tanti che non si sopportano, eppure si dànno lo stesso del tu.

CAMERIERA   La prossima volta, quando ci... Ma signor Franz...

SOLDATO   Si ricorda il mio nome?

CAMERIERA   Ma signor Franz...

SOLDATO   Mi chiami Franz e basta, signorina Marie.

CAMERIERA   Non sia cosí sfacciato... Sst... se viene qualcuno!

SOLDATO   E che fa? Non ci si vede a un palmo dal naso.

CAMERIERA   Ma santo Dio, dove stiamo andando?

SOLDATO   Guardi, là ci sono altri due come noi.

CAMERIERA   Dove? Non vedo niente.

SOLDATO   Là... davanti a noi.

CAMERIERA   Perché dice: «due come noi»?

SOLDATO   Be'... voglio dire che anche loro stanno bene insieme...

CAMERIERA   Ma stia un po' attento... Cosa c'è qui? Stavo quasi per finire a terra!

SOLDATO   È il cancello del prato.

CAMERIERA   Non mi spinga cosí, mi fa cadere!

SOLDATO   Sst, parli piano.

CAMERIERA   Senta, adesso mi metto a gridare sul serio... Ma cosa fa... ma...

SOLDATO   Non c'è anima viva in giro.

CAMERIERA   Allora torniamo indietro, dove c'è gente.

SOLDATO   Ma non abbiamo bisogno di gente, Marie... per questo... abbiamo bisogno... Ecco!

CAMERIERA   Ma signor Franz, la prego, in nome del cielo, se avessi... saputo... oh... oh... vieni!...

. . . .

SOLDATO (*felice*)   Perdio, un'altra volta... ah...

CAMERIERA   ... Non riesco a vedere la tua faccia.

SOLDATO   Ma lascia stare... la faccia...

. . . .

Su, signorina Marie, non può restar lí, sdraiata sull'erba.

CAMERIERA   Dài, Franz, aiutami...

SOLDATO   Vieni, dammi la mano.

CAMERIERA   Oh Dio, Franz!

SOLDATO   Be', cos'è che hai con Franz?

CAMERIERA   Sei cattivo, Franz.

SOLDATO   Sí, sí. Scusa, aspetta un attimo.

CAMERIERA   Che fai, te ne stai andando?

SOLDATO   Permetterai che accenda il sigaro.

CAMERIERA   È tanto scuro!

SOLDATO   Domattina sarà di nuovo chiaro.

CAMERIERA   Dimmi almeno, mi vuoi bene?

SOLDATO   Dovresti essertene accorta, signorina Marie, no?

CAMERIERA   Dove stiamo andando?

SOLDATO   Torniamo indietro.

CAMERIERA   Per piacere, non camminare cosí svelto!

SOLDATO   Che c'è? Non mi piace camminare al buio.

CAMERIERA   Senti, Franz, mi vuoi bene?

SOLDATO   Ma se te l'ho appena detto, che ti voglio bene!

CAMERIERA   Via, non mi daresti un bacio?

SOLDATO (*accondiscendente*)   Ecco... Senti... ecco di nuovo la musica.

CAMERIERA   Scommetto che adesso vorresti tornare a ballare!

SOLDATO   Certo, perché no?

CAMERIERA   Senti, Franz, devo tornare a casa; chissà ch

staranno già dicendo... la mia padrona è un tipo... secondo lei, una non dovrebbe uscire mai.

SOLDATO Va bene, allora torna a casa.

CAMERIERA Io pensavo, signor Franz, che lei mi avrebbe accompagnato.

SOLDATO Io? Accompagnarti?

CAMERIERA Sa, è cosí triste andare a casa da soli.

SOLDATO Dove abita?

CAMERIERA Non è lontano... nella Porzellangasse.

SOLDATO Laggiú? Ce n'è di strada... ma adesso è troppo presto, per me... Ora si ricomincia, oggi ho tempo... prima di mezzanotte non devo essere in caserma. Io torno a ballare.

CAMERIERA Certo, ho capito, adesso tocca alla bionda con la faccia storta!

SOLDATO Be'... non ha poi la faccia tanto storta!

CAMERIERA Dio mio, come sono cattivi gli uomini. Lei fa cosí con tutte, vero?

SOLDATO Sarebbe troppo!

CAMERIERA Franz, per piacere, oggi basta... oggi resta con me, va bene?...

SOLDATO Sí, d'accordo. Ma potrò continuare a ballare!...

CAMERIERA Io oggi non ballo piú con nessun altro!

SOLDATO Eccolo qui un'altra volta!

CAMERIERA Chi...

SOLDATO Lo Swoboda! Come abbiamo fatto presto! Stanno ancora suonando la stessa... musica... tarararà tarararà... (*canterella*)... Senti, se mi vuoi aspettare, dopo ti accompagno a casa... Se no... buonanotte...

CAMERIERA Va bene, t'aspetto.

Entrano nella sala da ballo.

SOLDATO Senta, signorina Marie, si faccia portare una birra. (*Volgendosi a una bionda, che gli passa in quel momento accanto ballando con un giovanotto, in tono compito*) Permette, signorina?...

III.

La cameriera e il giovane signore

Un caldo pomeriggio d'estate.

I genitori sono già in campagna. La cuoca ha libera uscita. In cucina, la cameriera scrive al suo innamorato, un soldato. Suona il campanello dalla stanza del giovane signore; la cameriera si alza e va a prendere ordini. Il giovane è sdraiato sul divano: fuma e legge un romanzo francese.

CAMERIERE   Il signorino desidera?

GIOVANE SIGNORE   Ah, sí, Marie, ho suonato, sí... Ma cosa volevo?... ah, ecco, abbassi un po' le tapparelle, Marie... Fa piú fresco, cosí... ecco... (*La cameriera va alla finestra e abbassa le tapparelle. Il giovane signore continua a leggere*) Che fa, Marie? Ah, già! Ora, però, non ci si vede piú a leggere.

CAMERIERA   Lei, signorino, studia sempre tanto...

GIOVANE SIGNORE (*lasciando cadere l'osservazione*)   Cosí va bene. (*La cameriera esce. Il giovane signore cerca di andare avanti nella lettura, ma lascia ben presto il libro e suona di nuovo. La cameriera ricompare*). Senta, Marie... cos'è che volevo dirle... ah sí... c'è del cognac in casa?

CAMERIERA   Sí, ma dev'essere chiuso.

GIOVANE SIGNORE   E chi ha la chiave?

CAMERIERA   La Lini.

GIOVANE SIGNORE   E chi è la Lini?

CAMERIERA   La cuoca, signor Alfred.

GIOVANE SIGNORE   Allora lo dica alla Lini.

CAMERIERA   La Lini oggi ha il giorno libero.

GIOVANE SIGNORE   Capisco...

CAMERIERA   Vuole che vada a prenderlo al caffè?...

GIOVANE SIGNORE   No, no... fa già caldo abbastanza... Non voglio cognac, Marie, mi porti piuttosto un bicchier d'acqua... ma la faccia scorrere, che sia bella fresca... (*La cameriera esce. Il giovane signore la segue con gli occhi. Giunta sulla porta, la cameriera si volta; il giovane guarda, allora, in aria. La cameriera apre il rubinetto dell'acqua, facendola scorrere. Intanto va nel suo stanzino, si lava le mani e si aggiusta le trecce davanti allo specchio. Poi porta il bicchiere d'acqua al giovane signore. Si avvicina al divano. Il giovane si solleva a metà, la cameriera gli porge il bicchiere, le loro dita si toccano*). Grazie... Cosa c'è?... Faccia attenzione, rimetta il bicchiere sul vassoio. (*Si rimette giú e si stira*) Che ore sono?...

CAMERIERA   Le cinque, signorino.

GIOVANE SIGNORE   Ah, le cinque... Va bene... (*La cameriera esce. Sulla porta si volta e si accorge che il giovane l'ha seguita con lo sguardo; sorride. Il giovane signore rimane disteso per un poco, poi si alza improvvisamente. Va fino alla porta, torna indietro e si stende sul divano. Cerca di riprendere la lettura. Dopo alcuni minuti suona nuovamente. La cameriera riappare con un sorriso che non cerca neppure di nascondere*). Senta, Marie, volevo domandarle... è venuto stamane il dottor Schüller?

CAMERIERA   No, non è venuto nessuno, stamane.

GIOVANE SIGNORE   Strano. Sicché il dottor Schüller non è venuto... Ma lei lo conosce?

CAMERIERA   Certo. È quel signore alto con la barba nera.

GIOVANE SIGNORE   Sí. E non è proprio venuto?

CAMERIERA   No. Non è venuto nessuno, signorino.

GIOVANE SIGNORE (*deciso*)   Venga qui, Marie.

CAMERIERA (*avvicinandosi un poco*)   Eccomi.

GIOVANE SIGNORE   Piú vicino... cosí... ah... credevo che...

CAMERIERA   Che cos'ha il signorino?

GIOVANE SIGNORE   Credevo... credevo... Solo per via della sua camicetta... che cos'è?... Su, venga qui vicino, non la mordo mica!

CAMERIERA (*gli si accosta*)   Che cos'ha la mia camicetta? Non le piace?

GIOVANE SIGNORE (*afferra la camicetta e attira a sé la came-riera*) Azzurro? Un bellissimo azzurro. (*Con tono sem-plice*) Sa che è vestita carina, Marie?

CAMERIERA   Ma signorino...

GIOVANE SIGNORE   Cosa c'è?... (*Le apre la camicetta. Con aria da intenditore*) Lei ha una bella pelle bianca, Ma-rie.

CAMERIERA   Il signorino mi lusinga.

GIOVANE SIGNORE (*baciandola sul seno*)   Questo non può far male.

CAMERIERA   Oh no!

GIOVANE SIGNORE   Come sospira! Perché sospira cosí?

CAMERIERA   Signor Alfred...

GIOVANE SIGNORE   E che graziose pantofole...

CAMERIERA   ...Ma... signorino... se qualcuno suonasse...

GIOVANE SIGNORE   Chi dovrebbe suonare a quest'ora?

CAMERIERA   Ma signorino... c'è tanta luce...

GIOVANE SIGNORE   Non deve vergognarsi né di me... né di nessuno: lei è cosí carina! Sí, perbacco... Marie, lei è... Sa che i suoi capelli mandano un profumo cosí buono...

CAMERIERA   Signor Alfred...

GIOVANE SIGNORE   Non faccia tante storie, Marie... l'ho già vista anche in altra tenuta. Una notte che – rientrando – andai a prendermi un bicchiere d'acqua, la porta della sua stanza era aperta... e cosí...

CAMERIERA (*nascondendo la faccia*)   Mio Dio, non sapevo che il signor Alfred potesse essere tanto cattivo!

GIOVANE SIGNORE   E ho visto molte cose... questo e que-sto... e quest'altro... e...

CAMERIERA   Ma signor Alfred!

GIOVANE SIGNORE   Vieni, vieni... qua... cosí, sí, cosí...

CAMERIERA   Ma se ora suona qualcuno...

GIOVANE SIGNORE   Adesso la smetta, via... tutt'al piú non apriremo...

. . . .

(*Suonano*). Accidenti!... E che chiasso che fa, quel tipo! Magari è un pezzo che suona, e noi non lo abbiamo sen-tito.

CAMERIERA   Ma io sono stata sempre attenta!

GIOVANE SIGNORE   Via, guardi un po' chi è... dallo spioncino.

CAMERIERA   Signor Alfred... lei però è... è molto cattivo...

GIOVANE SIGNORE   Vada a vedere, ora, la prego...

La cameriera esce. Il giovane signore alza rapidamente le tapparelle.

CAMERIERA (*rientra*)   Se c'era qualcuno, se n'è già andato. Forse era il dottor Schüller.

GIOVANE SIGNORE (*spiacevolmente colpito*)   Bene. (*La cameriera gli si avvicina. Il giovane signore, scostandosi*) Senta, Marie... vado al caffè.

CAMERIERA (*in tono tenero*)   Cosí presto... signor Alfred?...

GIOVANE SIGNORE (*brusco*)   Vado al caffè, adesso. Nel caso che venisse il dottor Schüller...

CAMERIERA   Non verrà piú, ormai.

GIOVANE SIGNORE (*ancora piú brusco*)   Nel caso che venisse il dottor Schüller, io, io... io sono... al caffè. (*Va nell'altra stanza*).

La cameriera prende un sigaro dal tavolino, se lo mette in tasca ed esce.

IV.

Il giovane signore e la giovane signora

Sera. Un salotto ammobiliato con falsa eleganza in una casa della Schwindgasse.

Il giovane è appena entrato: ancora in cappello e soprabito, accende le candele. Poi apre la porta che dà nella stanza accanto, gettandovi un'occhiata. La luce delle candele si riflette sul *parquet* e scopre il letto a baldacchino appoggiato contro la parete di fondo. Il caminetto, in un angolo della stanza da letto, manda un riflesso rossastro sulle cortine del letto. Il giovane ispeziona anche la stanza da letto; prende dal *trumeau* uno spruzzatore e sparge sui cuscini profumo di violette; poi fa il giro delle due camere, premendo in continuazione lo spruzzatore in modo che il profumo si diffonde ben presto dappertutto. Quindi si toglie cappello e soprabito, si siede su una poltrona di velluto azzurro e accende una sigaretta. Dopo un po' si alza di nuovo per assicurarsi che le gelosie verdi siano chiuse. Improvvisamente torna nella stanza da letto e apre il cassetto del comodino da notte; tastando, trova una forcina di tartaruga. Cerca dove nasconderla, poi finisce per infilarla nella tasca del soprabito. Quindi apre un armadio nel salotto, prende un vassoio d'argento con una bottiglia di cognac e due bicchierini e dispone tutto sul tavolo. Dalla tasca del soprabito estrae un pacchettino bianco, lo apre e lo posa accanto al cognac, poi torna all'armadio prendendo due piattini e posate. Toglie dal pacchetto un *marron glacé* e lo mangia, quindi si versa del cognac bevendolo in fretta. Consulta l'orologio, cammina su e giú per la stanza. Si ferma un momento davanti alla grande specchiera, e col pettine da tasca accomoda i capelli e i baffetti. Quindi va alla porta dell'anticamera, e sta in ascolto. Silenzio assoluto. Poi, suono di campanello. Il giovane signore trasale leggermente. Si siede in poltrona, alzandosi solo quando la porta si apre ed entra la giovane signora.

La giovane signora è avvolta in un fitto velo; chiude la porta dietro di sé, rimane un attimo ferma portando la mano sinistra al cuore come se dovesse dominare una violenta agitazione.

GIOVANE SIGNORE (*va verso di lei, le prende la sinistra e imprime un bacio sul guanto bianco, ricamato di nero. Con voce sommessa*) La ringrazio.

GIOVANE SIGNORA Alfred... Alfred!

GIOVANE SIGNORE Venga, signora... venga, signora Emma...

GIOVANE SIGNORA Mi lasci ancora un momento... la prego... oh la prego, Alfred! (*È sempre sulla porta. Il giovane signore davanti a lei, le tiene la mano*). Dove sono?

GIOVANE SIGNORE A casa mia.

GIOVANE SIGNORA Questa casa è terribile, Alfred.

GIOVANE SIGNORE Perché mai? È una casa molto distinta.

GIOVANE SIGNORA Ho incontrato due signori per le scale.

GIOVANE SIGNORE Conoscenti?

GIOVANE SIGNORA Non so. È possibile.

GIOVANE SIGNORE Mi perdoni, signora... ma lei dovrebbe conoscere i suoi conoscenti!

GIOVANE SIGNORA Io non ho visto nulla.

GIOVANE SIGNORE Ma anche se fossero stati i suoi migliori amici... non avrebbero potuto riconoscerla. Io stesso... se non sapessi che è lei... questo velo...

GIOVANE SIGNORA Sono due.

GIOVANE SIGNORE Non vuole avvicinarsi un poco?... Si tolga almeno il cappello!

GIOVANE SIGNORA Cosa le salta in mente, Alfred? Le ho detto: cinque minuti... Non uno di più... glielo giuro...

GIOVANE SIGNORE Allora il velo...

GIOVANE SIGNORA   Sono due.

GIOVANE SIGNORE   Bene, tutt'e due i veli allora... mi sarà
, almeno permesso di vederla.

GIOVANE SIGNORA   Mi vuole bene davvero, Alfred?

GIOVANE SIGNORE (*profondamente offeso*)   Emma... e lei
mi chiede...

GIOVANE SIGNORA   Fa molto caldo, qui.

GIOVANE SIGNORE   Ma lei ha ancora addosso la mantella di
pelliccia... finirà per prendersi un raffreddore.

GIOVANE SIGNORA (*finalmente entra e si getta sulla poltrona*)   Sono stanca morta.

GIOVANE SIGNORE   Permette... (*La libera dei veli, poi toglie lo spillone dal cappello e depone veli, spillone e cappello da una parte*).

La giovane signora lascia fare. Il giovane signore, in
piedi davanti a lei, scuote la testa.

GIOVANE SIGNORA   Cosa c'è?

GIOVANE SIGNORE   Lei non è mai stata cosí bella!

GIOVANE SIGNORA   Perché?

GIOVANE SIGNORE   Solo... solo con lei... Emma... (*Si china
su un ginocchio accanto alla poltrona, prende le mani di
lei e le copre di baci*).

GIOVANE SIGNORA   E adesso... mi lasci andare: ho fatto ciò
che lei desiderava. (*Il giovane signore abbandona la testa sul grembo di lei*). Lei mi ha promesso di fare il
bravo.

GIOVANE SIGNORE   Sí.

GIOVANE SIGNORA   Si soffoca, in questa stanza.

GIOVANE SIGNORE (*si alza*)   Lei ha ancora addosso la mantella di pelliccia.

GIOVANE SIGNORA   La metta accanto al cappello. (*Il giovane signore le toglie la mantella e la depone sul divano*).
' E adesso... addio...

GIOVANE SIGNORE   Emma...! Emma!...

GIOVANE SIGNORA   I cinque minuti sono passati da un pezzo.

GIOVANE SIGNORE   Ma no, neppure uno!...

GIOVANE SIGNORA   Alfred, mi dica una buona volta che ore sono.

GIOVANE SIGNORE   Sono le sei e un quarto precise.

GIOVANE SIGNORA   A quest'ora dovrei essere già da un pezzo da mia sorella.

GIOVANE SIGNORE   Sua sorella può vederla quando vuole...

GIOVANE SIGNORA   O Dio, Alfred, perché mi ha portato a questo!

GIOVANE SIGNORE   Perché io... l'adoro, Emma...

GIOVANE SIGNORA   A quante l'ha già detto?

GIOVANE SIGNORE   Dal momento che l'ho vista, a nessuna.

GIOVANE SIGNORA   Quanto sono leggera! Chi l'avrebbe mai detto... una settimana fa... o anche soltanto ieri...

GIOVANE SIGNORE   Ma se ieri l'altro m'aveva già promesso...

GIOVANE SIGNORA   Mi ha tormentato tanto! Ma io non volevo. Dio mi è testimone... io non volevo... Ieri ero fermamente decisa... Sa che ieri sera le ho perfino scritto una lunga lettera?

GIOVANE SIGNORE   Io non l'ho ricevuta.

GIOVANE SIGNORA   Perché poi l'ho stracciata. Oh, sarebbe stato meglio che l'avessi spedita!

GIOVANE SIGNORE   È meglio cosí.

GIOVANE SIGNORA   O no, è vergognoso... da parte mia. Non riesco a comprendermi. Addio, Alfred, mi lasci andare. (*Il giovane signore l'abbraccia e copre il suo viso di baci ardenti*). È cosí... che lei mantiene la sua parola...

GIOVANE SIGNORE   Ancora un bacio... ancora uno.

GIOVANE SIGNORA   L'ultimo.

Il giovane signore la bacia; la giovane signora ricambia il bacio; le loro labbra rimangono unite a lungo.

GIOVANE SIGNORE   Vuole che le dica una cosa, Emma? Soltanto adesso so cosa sia la felicità. (*La giovane signora ricade indietro nella poltrona. Il giovane signore si siede sul bracciolo, le posa lievemente un braccio intorno al collo*) ...O meglio, soltanto adesso so cosa potrebbe essere la felicità.

La giovane signora sospira profondamente. Il giovane signore la bacia di nuovo.

GIOVANE SIGNORA   Alfred, Alfred... cosa sta facendo di me!

GIOVANE SIGNORE   Vero... che qui non si sta affatto male?... E poi siamo cosí sicuri! È mille volte meglio degli appuntamenti all'aperto...

GIOVANE SIGNORA   Oh, non me li faccia ricordare.

GIOVANE SIGNORE   Io, invece, ci penserò sempre con gioia. Per me ogni minuto che ho potuto passare al suo fianco è un ricordo dolcissimo.

GIOVANE SIGNORA   Rammenta ancora il ballo degli industriali?

GIOVANE SIGNORE   Se lo rammento?... Durante la cena sedevo vicino a lei, proprio vicino. Suo marito aveva ordinato champagne... (*La giovane signora lo guarda con aria di rimprovero*). Intendevo parlare soltanto dello champagne. Mi dica, Emma, vuole un cognac?

GIOVANE SIGNORA   Un goccio, ma prima vorrei un bicchiere d'acqua.

GIOVANE SIGNORE   Certo... Ma dov'è... ah, sí... (*Solleva la portiera e va nella stanza da letto*).

La giovane signora lo segue con lo sguardo. Il giovane signore torna con una caraffa e due bicchieri.

GIOVANE SIGNORA   Dov'è stato?

GIOVANE SIGNORE   Nella... stanza accanto. (*Versa un bicchiere d'acqua*).

GIOVANE SIGNORA   Adesso le farò una domanda, Alfred... e lei giuri di dirmi la verità.

GIOVANE SIGNORE   Lo giuro.

GIOVANE SIGNORA   C'è mai stata un'altra donna in questa casa?

GIOVANE SIGNORE   Ma Emma... questa casa ha vent'anni!

GIOVANE SIGNORA   Lei sa cosa voglio dire, Alfred... Con lei! Da lei!

IOVANE SIGNORE   Con me... qui... Emma!... Non è bello, da parte sua, pensare a una cosa simile.

IOVANE SIGNORA   Dunque lei ha... come dire... Ma no, preferisco non farle domande. Meglio di no. Io stessa sono colpevole. Tutto si vendica.

IOVANE SIGNORE   Ma che cos'ha? Che le succede? Cos'è che si vendica?

IOVANE SIGNORA   No, no, no, non devo averne coscienza... Altrimenti dovrei sprofondare per la vergogna.

IOVANE SIGNORE (*con la caraffa in mano, scuote tristemente la testa*)   Emma, se lei sapesse quanto male mi fa! (*La giovane signora si versa un cognac*). Voglio dirle una cosa, Emma. Se lei si vergogna di trovarsi qui... se io, dunque, le sono indifferente... se non capisce che lei, per me, rappresenta tutta la beatitudine di questo mondo... è meglio che se ne vada.

IOVANE SIGNORA   Sí, farò proprio cosí.

IOVANE SIGNORE (*prendendole la mano*)   Ma se lei pensa che io – senza di lei – non posso vivere, che un bacio sulla sua mano significa per me assai piú di tutte le tenerezze di tutte le donne di questo mondo... Emma, io non sono come gli altri che possono fare la corte... io sono, forse, troppo ingenuo... io...

IOVANE SIGNORA   Ma se lei fosse proprio come gli altri?

IOVANE SIGNORE   In tal caso lei, oggi, non sarebbe qui... perché lei non è come le altre donne.

IOVANE SIGNORA   Come fa a saperlo?

IOVANE SIGNORE (*l'ha trascinata sul divano, le si è seduto accanto*)   Ho riflettuto molto su di lei. Io so che lei è infelice. (*La giovane signora è compiaciuta*). La vita è cosí vuota, cosí futile... e poi... cosí breve... cosí orribilmente breve! C'è solo una gioia... trovare una creatura, dalla quale essere amati... (*La giovane signora ha preso dal tavolo una pera candita, la porta alla bocca*). Mezza a me!

Lei gliela porge con le labbra.

GIOVANE SIGNORA (*afferrando le mani di lui, che minaccia
no di smarrirsi*)   Ma cosa fa, Alfred... È questa la sua
promessa?

GIOVANE SIGNORE (*ingoiando la pera, poi piú audace*)   La
vita è cosí breve.

GIOVANE SIGNORA (*debolmente*)   Ma questa non è una ra
gione...

GIOVANE SIGNORE (*meccanicamente*)   Oh, sí!

GIOVANE SIGNORA (*sempre piú debolmente*)   Vede, Alfred
lei aveva promesso di fare il bravo... E poi c'è tanta lu
ce...

GIOVANE SIGNORE   Vieni, vieni, mia sola, mia unica... (*L
solleva dal divano*).

GIOVANE SIGNORA   Ma cosa fa?

GIOVANE SIGNORE   Là dentro non c'è luce.

GIOVANE SIGNORA   C'è un'altra stanza?

GIOVANE SIGNORE (*la trascina con sé*)   Bella... e tutta buia

GIOVANE SIGNORA   Restiamo qua, è meglio. (*Il giovane si
gnore è già con lei dietro la portiera, nella stanza da let
to, e le slaccia le stringhe intorno alla vita*). Lei è cosí..
mio Dio, cosa sta facendo di me!... Alfred!

GIOVANE SIGNORE   Io ti adoro, Emma!

GIOVANE SIGNORA   Ma aspetta, aspetta almeno... (*Debol
mente*) Va'... ti chiamerò io.

GIOVANE SIGNORE   Lasciatimi... lasciamiti... (*si confon
de*) ...lascia... che... ti... aiuti.

GIOVANE SIGNORA   Ma mi strappi tutto!

GIOVANE SIGNORE   Non hai il busto?

GIOVANE SIGNORA   Non lo porto mai. Anche la Odilon non
lo porta. Ma puoi slacciarmi le scarpe. (*Il giovane signo
re slaccia le scarpe, poi le bacia i piedi. La giovane signo
ra si è infilata nel letto*) Oh, che freddo!

GIOVANE SIGNORE   Fra poco sentirai caldo.

GIOVANE SIGNORA (*con un riso sommesso*)   Credi?

GIOVANE SIGNORE (*spiacevolmente colpito, fra sé*)   Quest
non avrebbe dovuto dirlo. (*Si spoglia al buio*).

GIOVANE SIGNORA (*tenera*)   Vieni, vieni, vieni!

GIOVANE SIGNORE (*riacquistando il suo buon umore*)   Su
bito...

GIOVANE SIGNORA   Che odore di violetta!

GIOVANE SIGNORE   Sei tu stessa... Sí (*accanto a lei*)... tu stessa.

GIOVANE SIGNORA   Alfred... Alfred!!

GIOVANE SIGNORE   Emma...

. . . .

È chiaro che ti voglio troppo bene... sí... sono come fuori di me.

GIOVANE SIGNORA   ...

GIOVANE SIGNORE   Da tanti giorni sono come pazzo... Me l'ero sentito.

GIOVANE SIGNORA   Ma non te ne fare un cruccio.

GIOVANE SIGNORE   Oh, no davvero! È addirittura ovvio, quando...

GIOVANE SIGNORA   Taci... taci. Sei nervoso. Calmati...

GIOVANE SIGNORE   Conosci Stendhal?

GIOVANE SIGNORA   Stendhal?

GIOVANE SIGNORE   La *Psychologie de l'amour*?

GIOVANE SIGNORA   No, perché me lo chiedi?

GIOVANE SIGNORE   Racconta una storia molto significativa.

GIOVANE SIGNORA   Che storia?

GIOVANE SIGNORE   Si tratta d'un gruppo di ufficiali di cavalleria...

GIOVANE SIGNORA   Ah...

GIOVANE SIGNORE   Che si raccontano le proprie avventure amorose. E ognuno riferisce che con la donna che ha amato di piú e piú appassionatamente... che lei lo... che lui la... insomma, che gli è capitato con questa donna come adesso a me.

GIOVANE SIGNORA   Bene.

GIOVANE SIGNORE   È molto vero.

GIOVANE SIGNORA   Sí.

GIOVANE SIGNORE   Ma non è finita. Soltanto uno afferma... che una cosa simile non gli era mai successa in vita sua. Ma aggiunge Stendhal... costui era un noto spaccone.

GIOVANE SIGNORA   Capisco...

GIOVANE SIGNORE   E tuttavia uno si mette di malumore
   questa è la cosa sciocca... per quanto ciò possa essere
   completamente indifferente.

GIOVANE SIGNORA   Certo. E poi ricordati... mi avevi pro
   messo di fare il bravo.

GIOVANE SIGNORE   Via, non scherzare, questo non miglio
   ra la cosa.

GIOVANE SIGNORA   Ma no, non scherzo. Quella storia d
   Stendhal è davvero interessante. Ho sempre creduto che
   solo le persone di una certa età... oppure molto... capi
   sci, persone che hanno molto vissuto...

GIOVANE SIGNORE   Che ti salta in mente! Questo non c'en
   tra nulla. Del resto, ho dimenticato proprio la storiell
   piú graziosa di Stendhal. Uno degli ufficiali di cavalleri
   racconta perfino di aver trascorso tre notti, o sei... no
   rammento piú bene, con una signora che egli per setti
   mane e settimane aveva desiderato, «desirée», capisci..
   e che per tutto il tempo non avevano fatto altro che pian
   gere dalla felicità... tutti e due...

GIOVANE SIGNORA   Tutti e due?

GIOVANE SIGNORE   Sí. Ti meraviglia? Io lo trovo cosí com
   prensibile... proprio quando ci si ama.

GIOVANE SIGNORA   Ma senza dubbio ci sono molti che no
   piangono.

GIOVANE SIGNORE (*nervoso*)   Certamente... anche questo
   un caso eccezionale.

GIOVANE SIGNORA   Ah... credevo che Stendhal dicesse ch
   tutti gli ufficiali di cavalleria piangono, quando si trova
   no in una situazione simile.

GIOVANE SIGNORE   Vedi, adesso mi prendi in giro.

GIOVANE SIGNORA   Ma cosa ti salta in mente! Non fare
   bambino, Alfred!

GIOVANE SIGNORE   È che uno diventa nervoso... E poi h
   la sensazione che tu continui a pensarci. E questo n
   mette a disagio.

GIOVANE SIGNORA   Ma non ci penso affatto!

GIOVANE SIGNORE   Oh sí! Se soltanto fossi convinto che m
   vuoi bene.

GIOVANE SIGNORA   Vuoi altre prove?

GIOVANE SIGNORE   Vedi... continui a prendermi in giro.

GIOVANE SIGNORA   Ma perché mai? Vieni, dammi la tua dolce testolina.

GIOVANE SIGNORE   Ah, cosí mi sento bene.

GIOVANE SIGNORA   Mi ami?

GIOVANE SIGNORE   Oh, sono tanto felice!

GIOVANE SIGNORA   Però, non c'è bisogno che adesso tu ti metta anche a piangere.

GIOVANE SIGNORE (*allontanandosi da lei profondamente irritato*)   E dài, e dài! Ti ho già pregato...

GIOVANE SIGNORA   Ho detto solo che non devi piangere...

GIOVANE SIGNORE   Hai detto di non mettermi anche a piangere.

GIOVANE SIGNORA   Sei nervoso, tesoro.

GIOVANE SIGNORE   Lo so.

GIOVANE SIGNORA   E invece non devi esserlo. Mi piace anzi che... che noi, per cosí dire, da buoni amici...

GIOVANE SIGNORE   Ecco che ricominci!

GIOVANE SIGNORA   Ma dunque non ricordi?! Fu uno dei nostri primi colloqui. Buoni amici volevamo essere, nient'altro. Oh, era bello... fu a casa di mia sorella, al gran ballo di gennaio, durante la quadriglia... In nome del cielo, dovrei essere via già da un bel pezzo... mia sorella mi aspetta... cosa le dirò, adesso... Addio, Alfred...

GIOVANE SIGNORE   Emma!... Vuoi lasciarmi cosí!

GIOVANE SIGNORA   Sí... cosí!...

GIOVANE SIGNORE   Cinque minuti ancora...

GIOVANE SIGNORA   Va bene. Cinque minuti ancora. Ma devi promettermi... di non muoverti... Capito?... Ti darò ancora un bacio di addio... Pst... fermo... non muoverti, ho detto, altrimenti mi alzo subito, mio dolce... dolce...

GIOVANE SIGNORE   Emma, mia ado...

. . . .

GIOVANE SIGNORA   Mio Alfred...

GIOVANE SIGNORE   Ah, con te è il paradiso.

GIOVANE SIGNORA   Adesso, però, devo andarmene veramente.

GIOVANE SIGNORE   Via, lascia che tua sorella aspetti.

GIOVANE SIGNORA   Devo tornare a casa. È troppo tardi, ormai, per andare da mia sorella. Che ora è?

GIOVANE SIGNORE   Come faccio a saperlo?

GIOVANE SIGNORA   Basta guardare l'orologio.

GIOVANE SIGNORE   Ma è nel gilè.

GIOVANE SIGNORA   Prendilo, dunque.

GIOVANE SIGNORE (*si solleva di scatto*)   Le otto.

GIOVANE SIGNORA (*alzandosi rapidamente*)   In nome del cielo... Presto, Alfred, dammi le calze. Cosa dirò, adesso? A casa mi staranno già aspettando... Le otto...

GIOVANE SIGNORE   Quando ti rivedrò?

GIOVANE SIGNORA   Mai.

GIOVANE SIGNORE   Emma! Dunque non mi ami piú?

GIOVANE SIGNORA   Anzi, proprio per questo. Dammi le scarpe.

GIOVANE SIGNORE   Mai piú? Ecco le scarpe.

GIOVANE SIGNORA   Nella mia borsa c'è un allacciascarpe. Ti prego, presto...

GIOVANE SIGNORE   Eccolo.

GIOVANE SIGNORA   Alfred, ci può costar caro.

GIOVANE SIGNORE (*spiacevolmente colpito*)   Perché?

GIOVANE SIGNORA   Cosa dirò, se lui mi chiederà dove sono stata?

GIOVANE SIGNORE   Da tua sorella.

GIOVANE SIGNORA   Già, se sapessi mentire.

GIOVANE SIGNORE   È quel che devi fare.

GIOVANE SIGNORA   Tutto per un uomo come te. Su, vieni qui... fatti baciare ancora. (*Lo abbraccia*)... E adesso... lasciami sola, va' nell'altra stanza. Non posso vestirmi, se tu resti qui. (*Il giovane signore va nel salotto, dove si riveste, mangia qualche pasticcino, beve un cognac. La giovane signora dopo un poco chiama*) Alfred!

GIOVANE SIGNORE   Tesoro.

GIOVANE SIGNORA   In fondo, è meglio che non abbiamo pianto.

GIOVANE SIGNORE (*sorridendo, ma senza orgoglio*)   Come fai a parlare in maniera cosí frivola...

GIOVANE SIGNORA   Ma come faremo... quando un giorno c'incontreremo di nuovo, per caso, in società?...

GIOVANE SIGNORE   Per caso... un giorno... Domani ci sarai certamente dai Lobheimer, no?

GIOVANE SIGNORA   Sí. Tu pure?

GIOVANE SIGNORE   Certo. Posso impegnarti per il cotillon?

GIOVANE SIGNORA   Oh, io non verrò. Che cosa credi?... Io... (*entra completamente vestita nel salotto, prende un pasticcino di cioccolata*)... mi sentirei sprofondare.

GIOVANE SIGNORE   Allora domani dai Lobheimer, magnifico.

GIOVANE SIGNORA   No, no... disdirò certamente...

GIOVANE SIGNORE   Allora domani l'altro... qui.

GIOVANE SIGNORA   Ma che ti salta in mente?

GIOVANE SIGNORE   Alle sei...

GIOVANE SIGNORA   Qui all'angolo ci sono delle carrozze, vero?...

GIOVANE SIGNORE   Sí, quante ne vuoi. Dunque, domani l'altro alle sei, qui da me. Dimmi di sí, tesoro.

GIOVANE SIGNORA   ... Ne parleremo domani al cotillon.

GIOVANE SIGNORE (*l'abbraccia*)   Angelo mio!

GIOVANE SIGNORA   Non mi guastar di nuovo la pettinatura.

GIOVANE SIGNORE   Allora domani dai Lobheimer e domani l'altro tra le mie braccia.

GIOVANE SIGNORA   Addio...

GIOVANE SIGNORE (*improvvisamente di nuovo preoccupato*) E cosa... gli dirai, oggi?

GIOVANE SIGNORA   Non me lo chiedere... non me lo chiedere... è troppo terribile! Perché ti amo tanto?... Addio... Se incontro un'altra volta qualcuno per le scale, mi verrà un colpo... Sul serio...

Il giovane signore le bacia di nuovo la mano. La giovane signora esce.

GIOVANE SIGNORE (*rimane solo. Poi si siede sul divano, sorride tra sé e dice*)   Dunque, adesso ho una relazione con una signora perbene.

V.

La giovane signora e il marito

Una accogliente stanza da letto. Sono le dieci e mezzo di sera.

La moglie, a letto, legge; il marito entra in camera in vestaglia.

GIOVANE SIGNORA (*senza levare lo sguardo dal libro*) Non lavori piú?

MARITO No. Sono troppo stanco. E poi...

GIOVANE SIGNORA Sí?...

MARITO Mi sono sentito improvvisamente cosí solo, alla scrivania. Ho sentito bisogno di te.

GIOVANE SIGNORA (*alzando gli occhi*) Davvero?

MARITO (*si siede sul letto, accanto a lei*) Smetti di leggere, per oggi; ti rovinerai gli occhi.

GIOVANE SIGNORA (*chiudendo il libro*) Ma cos'hai?

MARITO Nulla, bambina mia. Sono innamorato di te! Lo sai bene!

GIOVANE SIGNORA A volte potrei quasi scordarmene.

MARITO È necessario scordarsene, a volte.

GIOVANE SIGNORA Perché?

MARITO Perché altrimenti il matrimonio sarebbe qualcosa di imperfetto. Sí... come dire... perderebbe la sua santità.

GIOVANE SIGNORA Oh...

MARITO Credimi... è cosí... Se durante i cinque anni del nostro matrimonio non ci fossimo di tanto in tanto dimenticati di essere innamorati... adesso non lo saremmo piú.

GIOVANE SIGNORA È troppo difficile, per me.

MARITO   Ma è semplicissimo: ci siamo innamorati l'uno dell'altra forse già dieci o dodici volte... Non fa anche a te lo stesso effetto?

GIOVANE SIGNORA   Non ho tenuto il conto!...

MARITO   Se fin dalla prima volta avessimo gustato il nostro amore sino in fondo, se dall'inizio mi fossi abbandonato completamente alla mia passione per te, avremmo conosciuto la sorte riservata a milioni di altre coppie: non ci sarebbe piú nulla fra noi.

GIOVANE SIGNORA   Ah... questo intendevi dire?

MARITO   Credimi... Emma... nei primi tempi del nostro matrimonio, avevo paura che potesse finire cosí.

GIOVANE SIGNORA   Anch'io.

MARITO   Vedi dunque? Non avevo ragione? Per questo è bene, di tanto in tanto, vivere per un poco solo come buoni amici.

GIOVANE SIGNORA   Ah, ecco.

MARITO   Cosí avviene che noi si possa trascorrere insieme sempre nuove lune di miele, perché io non permetto mai che la luna di miele...

GIOVANE SIGNORA   Si prolunghi per mesi.

MARITO   Appunto.

GIOVANE SIGNORA   E ora... sembra dunque che un periodo di amicizia si sia di nuovo chiuso?...

MARITO (*stringendola teneramente a sé*)   Parrebbe di sí.

GIOVANE SIGNORA   Ma se... per me fosse diverso?

MARITO   Non è diverso, per te. Sei l'essere piú intelligente e incantevole che ci sia. Sono molto felice d'averti incontrato.

GIOVANE SIGNORA   È carino che tu mi faccia la corte... di tanto in tanto!

MARITO (*si è messo a letto*)   Per un uomo che abbia un po' di esperienza del mondo – vieni, posa la testa sulla mia spalla –, il matrimonio è qualcosa di assai piú misterioso che per voi, ragazze di buona famiglia. Voi ci venite incontro pure e... almeno fino a un certo punto innocenti: ecco perché scorgete l'essenza dell'amore con occhio molto piú limpido del nostro.

GIOVANE SIGNORA (*ridendo*)   Oh!

MARITO   Senza dubbio: le molteplici esperienze a cui siamo costretti prima del matrimonio ci confondono e ci
rendono incerti. Voi sentite tante cose, ne sapete troppe
e soprattutto leggete troppo, ma non avete un'idea pre-
cisa delle effettive esperienze di noi uomini. A noi quel
che in genere si chiama amore viene del tutto in disgu-
sto, perché – in fin dei conti – che razza di creature sono
quelle a cui dobbiamo rivolgerci!...

GIOVANE SIGNORA   Già, che razza di creature sono?

MARITO (*la bacia sulla fronte*)   Considerati fortunata, bambina mia, per non aver mai gettato uno sguardo in quel
mondo. Del resto, per lo piú sono esseri davvero da com-
piangere... non ci accaniamo contro di loro.

GIOVANE SIGNORA   Ti prego... questa pietà non mi sembra
molto a proposito.

MARITO (*con nobile indulgenza*)   Se la meritano. Voi, ragazze di buona famiglia, che sotto la protezione dei vo-
stri genitori avete potuto aspettare tranquille il galan-
tuomo che vi avrebbe prese in moglie, non conoscete certo la miseria, che spinge la maggior parte di queste po-
vere creature nelle braccia del peccato.

GIOVANE SIGNORA   Ma si vendono tutte?

MARITO   Non voglio dir questo. Non penso soltanto alla
miseria materiale. C'è anche una miseria che chiamerei
morale, una scarsa comprensione di ciò che è lecito, e soprattutto di ciò che è nobile.

GIOVANE SIGNORA   Ma perché dovremmo compiangerle?...
Non se la passano piú che bene?

MARITO   Hai strane idee, bambina mia. Non devi dimenti-
care che esseri simili sono destinati per loro natura a cadere sempre piú in basso. Fermarsi non possono.

GIOVANE SIGNORA (*stringendosi a lui*)   Evidentemente, de-
v'essere piacevole cadere.

MARITO (*spiacevolmente colpito*)   Come puoi parlare cosí
Emma! Io penso che per voi, donne oneste, non ci sia
nulla di piú ripugnante di quelle che non lo sono.

GIOVANE SIGNORA   Certo, Karl, certo. Ho detto solo per
dire. Su, continua: mi piace tanto sentirti parlare cosí.
Raccontami qualcosa.

MARITO   Ma cosa?

GIOVANE SIGNORA   Be'... di quelle creature.

MARITO   Che ti salta in mente?

GIOVANE SIGNORA   Vedi, già prima, proprio agli inizi, ti ho sempre pregato di raccontarmi qualcosa della tua giovinezza.

MARITO   Perché t'interessa?

GIOVANE SIGNORA   Non sei forse mio marito? E non è un'ingiustizia che io ignori praticamente tutto del tuo passato?...

MARITO   Non penserai che io abbia il cattivo gusto di... Basta, Emma... sarebbe una profanazione.

GIOVANE SIGNORA   Eppure tu... avrai tenuto fra le tue braccia, come adesso tieni me, chissà quante altre donne.

MARITO   Non parlare di «donne». La donna sei tu.

GIOVANE SIGNORA   Su una cosa, però, mi devi rispondere... altrimenti... altrimenti... niente luna di miele.

MARITO   Hai un modo di parlare... pensa che sei madre... che nostra figlia è di là...

GIOVANE SIGNORA (*stringendosi a lui*)   Ma io vorrei anche un figlio.

MARITO   Emma!

GIOVANE SIGNORA   Via, non essere cosí... certo, sono tua moglie... ma vorrei essere anche un pôco... la tua amante.

MARITO   Vorresti?...

GIOVANE SIGNORA   Dunque... prima la mia domanda.

MARITO (*arrendevole*)   Ebbene?

GIOVANE SIGNORA   C'era una donna sposata... tra quelle?

MARITO   Come?... Cosa vuoi dire?

GIOVANE SIGNORA   Hai capito benissimo.

MARITO (*leggermente inquieto*)   Come ti è venuta in mente una simile domanda?

GIOVANE SIGNORA   Vorrei sapere se... cioè... donne del genere esistono... questo lo so; ma vorrei sapere se tu...

MARITO (*serio*)   Ne conosci una?

GIOVANE SIGNORA   Ma, non saprei.

MARITO   Forse ce n'è una tra le tue amiche?

GIOVANE SIGNORA   Come potrei affermarlo con certezza... o negarlo?

MARITO   Forse qualcuna delle tue amiche una volta...
Spesso, tra loro, le donne si dicono molte cose... Ti ha
mai confessato qualcuna?...

GIOVANE SIGNORA (*incerta*)   No.

MARITO   Hai il sospetto che qualcuna delle tue amiche...

GIOVANE SIGNORA   Il sospetto... oh... il sospetto...

MARITO   Cosí pare.

GIOVANE SIGNORA   No, Karl, con certezza no. Se ci penso...
non ne credo capace nessuna.

MARITO   Nessuna?

GIOVANE SIGNORA   Nessuna delle mie amiche.

MARITO   Promettimi una cosa, Emma.

GIOVANE SIGNORA   Che cosa?

MARITO   Che non frequenterai mai nessuna donna, di cui
tu possa avere il minimo sospetto che... non conduca una
vita del tutto irreprensibile.

GIOVANE SIGNORA   È questo che dovrei prometterti?

MARITO   So bene che non cercherai mai la compagnia di simili donne. Ma potrebbe darsi il caso che tu... Anzi, capita spesso che proprio queste donne dalla reputazione
non eccellente cerchino la compagnia delle signore perbene, un po' per darsi tono, un po'... come dire... per una
certa nostalgia della virtú.

GIOVANE SIGNORA   Ah, è cosí.

MARITO   Sí, mi pare proprio l'espressione giusta: nostalgia della virtú. Queste donne infatti, credimi, sono tutte
molto infelici.

GIOVANE SIGNORA   Perché?

MARITO   Me lo chiedi, Emma?... Come puoi anche soltanto domandarlo?... Cerca di immaginarti la loro vita! Piena di menzogne, perfidie, meschinità e pericoli.

GIOVANE SIGNORA   Sí, certo, hai ragione.

MARITO   Lo pagano davvero... quel po' di felicità... quel
po'...

GIOVANE SIGNORA   Di piacere.

MARITO   Perché piacere? Come ti viene in mente di chia-
marlo piacere?

GIOVANE SIGNORA   Be'... qualcosa dovrà pur essere!... Altrimenti non lo farebbero.

MARITO   Non è nulla... uno stordimento.

GIOVANE SIGNORA (*pensierosa*)   Uno stordimento.

MARITO   No, neppure uno stordimento... Ma in ogni caso, la pagano cara.

GIOVANE SIGNORA   Dunque... hai fatto anche tu un'esperienza del genere... non è vero?

MARITO   Sí, Emma... È il mio ricordo piú triste.

GIOVANE SIGNORA   Chi era?! Dimmelo! La conosco?

MARITO   Cosa ti salta in mente?

GIOVANE SIGNORA   È stato molto tempo fa? Molto prima che tu mi sposassi?

MARITO   Non chiedere. Ti prego, non chiedere.

GIOVANE SIGNORA   Ma Karl!

MARITO   È morta!

GIOVANE SIGNORA   Davvero?

MARITO   Sí... è quasi ridicolo, ma ho la sensazione che tutte queste donne muoiano giovani.

GIOVANE SIGNORA   L'amavi molto?

MARITO   Non si ama chi mente.

GIOVANE SIGNORA   Allora, perché?...

MARITO   Uno stordimento...

GIOVANE SIGNORA   Dunque è possibile.

MARITO   Non parliamone piú, ti prego. Sono storie passate. Ho amato una sola... te. Si ama soltanto chi è pura e sincera.

GIOVANE SIGNORA   Karl!

MARITO   Oh, come ci si sente sicuri e contenti tra queste braccia! Perché non ti ho conosciuta da bambina? Credo che non avrei guardato nessun'altra donna.

GIOVANE SIGNORA   Karl!

MARITO   Sei tanto bella!... bella!... Vieni... (*Spenge la luce*).

. . . .

GIOVANE SIGNORA   Sai a cosa mi fa pensare?

MARITO   A cosa, tesoro?

GIOVANE SIGNORA   ... A Venezia...

MARITO   La prima notte...

GIOVANE SIGNORA   Sí... appunto...

MARITO   Perché?... Dimmi!

GIOVANE SIGNORA   Perché oggi mi ami tanto.

MARITO   Sí, tanto.

GIOVANE SIGNORA   Ah... se tu fossi sempre...

MARITO (*fra le braccia di lei*)   Cosa?

GIOVANE SIGNORA   Karl!

MARITO   Cosa volevi dire? Se io fossi sempre...

GIOVANE SIGNORA   Ma sí, insomma...

MARITO   Bene, cosa succederebbe, se io fossi sempre...

GIOVANE SIGNORA   Saprei appunto sempre, che tu mi ami.

MARITO   Certo. Ma devi saperlo anche cosí. Non si è sempre l'uomo che ama, talvolta bisogna anche andare incontro alla vita ostile, combattere e lottare! Non dimenticarlo mai, bambina mia! Ogni cosa ha il proprio tempo, nel matrimonio... ed è questo il bello. Non sono molti quelli che dopo cinque anni... possono ricordarsi della loro Venezia.

GIOVANE SIGNORA   Certo!

MARITO   E adesso... buona notte, cara.

GIOVANE SIGNORA   Buona notte!

VI.

Il marito e la ragazzina

Un *séparé* da Riedhof, di una eleganza confortevole e
misurata.

La stufa a gas è accesa. Il marito, la ragazzina. Sul tavolo gli avanzi di un pranzo: meringhe alla panna, frutta,
formaggio. Nei bicchieri vino bianco ungherese.

Il marito fuma un avana, appoggiato a un angolo del divano. La ragazzina siede su una poltrona accanto a lui,
assaporando con gusto la panna di una meringa.

MARITO   Ti piace?

RAGAZZINA (*continuando a mangiare*)   Eccome!

MARITO   Ne vuoi ancora?

RAGAZZINA   No, ne ho già mangiata troppa.

MARITO   Hai finito il vino. (*Le versa da bere*).

RAGAZZINA   No... guardi, tanto non lo bevo.

MARITO   Ecco che ricominci a darmi del lei.

RAGAZZINA   Davvero?... Sa, è difficile abituarsi...

MARITO   Sai.

RAGAZZINA   Che cosa?

MARITO   «Sai» devi dire, non «sa». – Vieni, siediti accanto a me.

RAGAZZINA   Subito... non ho ancora finito. (*Il marito si alza, va dietro la poltrona e abbraccia la ragazza voltan-
dole la testa verso di sé*). Cosa c'è?

MARITO   Voglio un bacio.

RAGAZZINA (*gli dà un bacio*)   Lei è... pardon, sei un tipo
intraprendente, tu.

MARITO   Te ne accorgi solo adesso?

RAGAZZINA   Oh no, me n'ero accorta già prima... per la
  strada... Lei deve...
MARITO   Tu devi...
RAGAZZINA   Tu devi avere proprio un bel concetto di me.
MARITO   Perché mai?
RAGAZZINA   Perché ho accettato subito il suo invito ad ac
  compagnarla in un *séparé*.
MARITO   Be', «subito» non è proprio esatto.
RAGAZZINA   Ma lei sa pregare in modo cosí carino.
MARITO   Trovi?
RAGAZZINA   E poi, che c'è di male?
MARITO   Già, infatti.
RAGAZZINA   Andare a spasso, oppure...
MARITO   Fa troppo freddo per andare a spasso.
RAGAZZINA   Certo, era troppo freddo.
MARITO   Qui, invece, fa un bel calduccio, non ti pare? (*Si
  è seduto di nuovo; abbraccia la ragazza e la attira accan-
  to a sé*).
RAGAZZINA (*debolmente*)   Ma...
MARITO   Adesso dimmi... mi avevi notato già prima, ve-
  ro?
RAGAZZINA   Naturalmente, fin dalla Singerstrasse.
MARITO   Non intendevo dire oggi. Anche l'altroieri e il
  giorno avanti ancora, quando ti ho seguita.
RAGAZZINA   Sono molti quelli che mi seguono.
MARITO   Me lo immagino. Ma voglio sapere se mi hai no-
  tato.
RAGAZZINA   Sa... voglio dire... sai cosa mi è successo gior-
  ni addietro? Il marito di mia cugina mi ha seguito al buio
  senza riconoscermi.
MARITO   Ti ha rivolto la parola?
RAGAZZINA   Ma cosa credi? Che tutti siano intraprendenti
  come te?
MARITO   Però succede.
RAGAZZINA   Certo che succede.
MARITO   Cosa fai in questi casi?
RAGAZZINA   Mah, nulla; non rispondo.
MARITO   Hm... a me, però, hai risposto.
RAGAZZINA   Forse le è dispiaciuto?

MARITO (*baciandola con foga*)   Le tue labbra sanno di panna.

RAGAZZINA   Oh, loro sono sempre dolci!

MARITO   Te lo hanno già detto molti?

RAGAZZINA   Molti!! Ma che altre idee ti vengono in mente, adesso!

MARITO   Sii sincera, almeno una volta! Quanti ti hanno già baciata?

RAGAZZINA   Perché me lo chiedi? Non mi crederesti, se te lo dicessi!

MARITO   E perché no?

RAGAZZINA   Indovinalo!

MARITO   Be', diciamo... ma non ti devi arrabbiare!

RAGAZZINA   Perché dovrei arrabbiarmi?

MARITO   Dunque, diciamo... venti.

RAGAZZINA (*respingendolo*)   Ma bene... anzi, perché non cento?

MARITO   Ho detto a caso.

RAGAZZINA   Ti sei sbagliato, però.

MARITO   Allora dieci.

RAGAZZINA (*offesa*)   Sicuro! Una che si lascia fermare per la strada e che si fa condurre subito in un *séparé*!...

MARITO   Non fare la bambina. Che si passeggi per la strada o che si stia seduti in una stanza... In fondo, siamo in un ristorante. Il cameriere può entrare da un momento all'altro... non c'è proprio nulla di male...

RAGAZZINA   L'ho pensato anch'io.

MARITO   Sei stata mai in un *séparé*?

RAGAZZINA   A dir la verità, sí.

MARITO   Vedi, mi fa piacere che tu sia almeno sincera.

RAGAZZINA   Ma non come tu immagini. Ci sono stata una volta quest'anno, a carnevale, con una mia amica e il suo fidanzato.

MARITO   Ma non ci sarebbe nulla di male se tu una volta... col tuo innamorato...

RAGAZZINA   Certo che non ci sarebbe nulla di male. Ma io non ho innamorato.

MARITO   Eh, via!

RAGAZZINA   Lo giuro sulla mia testa!

MARITO   Ma non vorrai mica darmi ad intendere che io...

RAGAZZINA   Che cosa?... Non ne ho... da piú di sei mesi.

MARITO   Ho capito... Ma prima? Chi era?

RAGAZZINA   Perché è tanto curioso?

MARITO   Sono curioso, perché mi piaci.

RAGAZZINA   Davvero?

MARITO   Certo, dovresti accorgertene. Dunque, racconta. (*La stringe a sé*).

RAGAZZINA   Cosa dovrei raccontarti?

MARITO   Non farti pregare. Voglio sapere chi era.

RAGAZZINA (*ride*)   Bah, un uomo...

MARITO   Dunque... allora... chi era?

RAGAZZINA   Somigliava un poco a te.

MARITO   Ah sí?

RAGAZZINA   Se tu non gli avessi somigliato tanto...

MARITO   Cosa sarebbe successo?

RAGAZZINA   Perché domandarlo, visto che...

MARITO (*che ha capito*)   Perciò ti sei fatta fermare per la strada.

RAGAZZINA   Già...

MARITO   Adesso non so piú davvero, se devo essere contento o arrabbiarmi.

RAGAZZINA   Se fossi in te, mi sentirei contento.

MARITO   Ma certo...

RAGAZZINA   Anche nel modo di parlare mi ricordi lui... e come guardi...

MARITO   Ma chi era?

RAGAZZINA   No, gli occhi...

MARITO   Come si chiamava?

RAGAZZINA   No, ti prego, non mi guardare cosí.

Il marito l'abbraccia. Lungo bacio ardente. La ragazzina si scuote, vuole alzarsi.

MARITO   Perché ti allontani?

RAGAZZINA   È ora di tornare a casa.

MARITO   Piú tardi.

RAGAZZINA   No, devo veramente tornare a casa. Cosa dirà mia madre?

MARITO   Vivi con tua madre?

RAGAZZINA   Naturalmente, cosa credevi?

MARITO   Dunque... vivi con tua madre. E sei sola?

RAGAZZINA   Sí, proprio sola! Siamo in cinque! Due ragaz-
zi e tre ragazze.

MARITO   Ma non ti sedere cosí lontano da me... Sei la piú
grande?

RAGAZZINA   No, la seconda: prima viene la Kathi, che la-
vora da un fioraio, poi vengo io.

MARITO   E tu, dove lavori?

RAGAZZINA   Io sto a casa.

MARITO   Sempre?

RAGAZZINA   Una ci deve pur stare, a casa.

MARITO   Sicuro. E... cosa dici a tua madre, quando... tor-
ni a casa cosí tardi?

RAGAZZINA   Càpita molto di rado.

MARITO   Oggi, per esempio. Tua madre ti fa domande?

RAGAZZINA   Certo che me ne fa. Posso metterci tutta l'attenzione che voglio... quando rientro a casa si sveglia.

MARITO   E tu, allora, cosa le dici?

RAGAZZINA   Mah, che sono stata a teatro.

MARITO   E lei ti crede?

RAGAZZINA   Perché non dovrebbe? Ci vado spesso, a teatro. Proprio domenica sono stata all'opera con un'amica,
il fidanzato e il mio fratello maggiore.

MARITO   Chi vi procura i biglietti?

RAGAZZINA   Mio fratello. È parrucchiere.

MARITO   Già, i parrucchieri... ah, forse parrucchiere del
teatro, no?

RAGAZZINA   Perché mi fai tutte queste domande?

MARITO   M'interessa. E l'altro fratello cosa fa?

RAGAZZINA   Quello va ancora a scuola. Vuol diventare
maestro. Che idea!

MARITO   E poi hai ancora una sorella piú piccola?

RAGAZZINA   Sí, una birba alla quale bisogna già stare at-
tenti. Non puoi immaginarti come si guastino, a scuola,
le ragazzine! Pensa che l'altro giorno l'ho sorpresa con
uno!

MARITO   Come?

RAGAZZINA   Sicuro! Se n'è andata a passeggiare alle sette
   e mezzo di sera per la Strozzigasse con un ragazzetto del-
   la scuola di fronte, quella birba!
MARITO   E tu che hai fatto?
RAGAZZINA   Be', ce le ha prese!
MARITO   Sei cosí severa?
RAGAZZINA   Già, se non lo fossi io... La piú grande è al ne-
   gozio, la mamma non fa che brontolare... e tutto ricade
   sulle mie spalle.
MARITO   Sei proprio una cara ragazza! (*La bacia, facendo-
   si piú tenero*) Anche tu mi ricordi qualcuno.
RAGAZZINA   Davvero?... E chi?
MARITO   Nessuna donna determinata... il tempo... sí, in-
   somma la mia giovinezza. Avanti, bevi, bambina mia!
RAGAZZINA   Ma dimmi, quanti anni hai?... Senti... già...
   non so neppure come ti chiami.
MARITO   Karl.
RAGAZZINA   Possibile! Proprio Karl?
MARITO   Si chiamava anche lui cosí?
RAGAZZINA   No, è un vero miracolo... è proprio... no, gli
   occhi... lo sguardo... (*Scuote il capo*).
MARITO   Ma chi era... non me lo hai ancora detto.
RAGAZZINA   Cattivo di certo... altrimenti non mi avrebbe
   piantata.
MARITO   Gli volevi molto bene?
RAGAZZINA   Certo che gli volevo bene.
MARITO   Io so che cos'era... era sottotenente.
RAGAZZINA   No, non era nell'esercito: non l'hanno preso.
   Suo padre ha una casa nella... ma che bisogno hai di sa-
   pere queste cose?
MARITO (*la bacia*)   I tuoi occhi sono grigi, all'inizio crede-
   vo che fossero neri.
RAGAZZINA   Perché, non sono belli abbastanza? (*Il marito
   la bacia sugli occhi*). No, no... non ce la faccio... oh, ti
   prego... mio Dio... no, lascia che mi alzi... solo per un
   momento... ti prego.
MARITO (*sempre piú tenero*)   O no...
RAGAZZINA   Ti prego, Karl...
MARITO   Quanti anni hai?... diciotto, no?

RAGAZZINA   Diciannove passati.

MARITO   Diciannove... ed io...

RAGAZZINA   Tu ne hai trenta...

MARITO   E qualcuno in piú. Ma lasciamo andare.

RAGAZZINA   Anche lui aveva trentadue anni, quando l'ho conosciuto.

MARITO   Quanto tempo fa?

RAGAZZINA   Non lo so piú... Senti, doveva esserci qualcosa, nel vino.

MARITO   Perché mai?

RAGAZZINA   Sono tutta... sai... mi gira la testa.

MARITO   Allora tieniti stretta a me. Cosí... (*La stringe a sé e diventa sempre piú tenero, senza che lei si difenda quasi piú*). Senti, tesoro mio, ora potremmo proprio andare.

RAGAZZINA   Sí... a casa.

MARITO   Non proprio a casa...

RAGAZZINA   Cosa vuoi dire?... Oh no, no... non vengo da nessuna parte, cosa ti salta in mente...

MARITO   Allora stammi a sentire, bambina mia, la prossima volta che ci vediamo facciamo in modo che... (*È scivolato a terra poggiando la testa sul grembo di lei*) È delizioso cosí, è proprio delizioso!

RAGAZZINA   Ma cosa fai? (*Lo bacia sui capelli*) Senti, nel vino doveva esserci qualcosa... un sonnifero... e adesso come faccio? non riesco a tenermi dritta in piedi. Ma via, Karl, senti... se entra qualcuno... ti prego... il cameriere.

MARITO   Nessun cameriere... entrerà mai... qui...

. . . .

(*La ragazzina si è abbandonata con gli occhi chiusi in un angolo del divano. Il marito va su e giú per il salottino, dopo aver acceso una sigaretta. Alcuni attimi di silenzio. Contempla a lungo la ragazzina, poi tra sé*) Chissà mai che razza di donna è... Perdio... Cosí su due piedi... Non è stato molto prudente da parte mia... Hm...

RAGAZZINA (*senza aprire gli occhi*)   Doveva esserci qualcosa, nel vino.

MARITO   Ma perché?

RAGAZZINA   Altrimenti...

MARITO   Perché vuoi attribuire tutto al vino?

RAGAZZINA   Dove sei? Perché te ne stai cosí lontano? Vieni qui da me. (*Il marito si siede accanto a lei*). Ora dimmi se mi vuoi veramente bene.

MARITO   Lo sai, no?... (*Si interrompe bruscamente*) Certo.

RAGAZZINA   Sai... è proprio come... Su, dimmi la verità, cosa c'era nel vino?

MARITO   Credi dunque che io sia... che io sia un avvelenatore?

RAGAZZINA   Vedi, non riesco a capire. Io non sono cosí... Ci conosciamo da tanto poco... Senti, io non sono cosí... Per amor del cielo... se tu pensassi questo di me...

MARITO   Ma perché ti preoccupi tanto? Di te non penso nulla di male. Penso solo che mi vuoi bene.

RAGAZZINA   Sí...

MARITO   Del resto, quando due giovani si trovano soli in una stanza, cenano e bevono vino... Non c'è nessun bisogno che nel vino ci sia qualcosa...

RAGAZZINA   Era solo per dire.

MARITO   Ma perché?

RAGAZZINA (*piuttosto risentita*)   Mi vergognavo.

MARITO   Ma è ridicolo, non c'era alcuna ragione. Tanto piú che ti ricordo il tuo primo amore.

RAGAZZINA   È vero.

MARITO   Il primo.

RAGAZZINA   Ma sí...

MARITO   Adesso mi piacerebbe sapere chi sono stati gli altri.

RAGAZZINA   Nessuno.

MARITO   Non è vero, non è possibile.

RAGAZZINA   Via, ti prego, non essere noioso.

MARITO   Vuoi una sigaretta?

RAGAZZINA   No, grazie.

MARITO   Sai che ore sono?

RAGAZZINA   Di'...

MARITO   Le undici e mezzo.

RAGAZZINA   Ah sí?

MARITO   Be'... e tua madre? Ci è abituata, no?

RAGAZZINA Davvero vuoi già rispedirmi a casa?

MARITO Tu stessa hai detto prima...

RAGAZZINA Ehi, sembri come cambiato. Cosa ti ho fatto?

MARITO Ma che hai, bambina mia, cosa ti salta in mente?

RAGAZZINA Se non fosse stato per il modo come mi guardavi, ti garantisco che avresti aspettato un pezzo... non sei il primo a chiedermi un appuntamento in un *séparé*.

MARITO Senti, vuoi... che ci rivediamo presto, qui... o anche da un'altra parte...

RAGAZZINA Non so.

MARITO Cosa significa questo «non so»?

RAGAZZINA Be', se lo chiedi a me!

MARITO Allora, quando? Devo solo avvertirti che non vivo a Vienna, ci vengo di tanto in tanto per qualche giorno.

RAGAZZINA Ma va', non sei viennese?

MARITO Viennese, sí. Ma adesso vivo vicino...

RAGAZZINA Dove?

MARITO Mio Dio, che cosa importa?

RAGAZZINA Non avere paura, non verrò a cercarti.

MARITO Be', se ti fa proprio piacere, puoi anche venirci. Vivo a Graz.

RAGAZZINA Sul serio?

MARITO Certo, che c'è da meravigliarsi?

RAGAZZINA Sei sposato, no?

MARITO (*molto sorpreso*) Cosa te lo fa pensare?

RAGAZZINA Mah, ho avuto l'impressione.

MARITO E non ti darebbe fastidio?

RAGAZZINA Certo, preferirei che tu non lo fossi. Ma sei sposato!

MARITO Dimmi un po', come ti viene in mente?

RAGAZZINA Quando uno dice che non vive a Vienna e non è sempre libero...

MARITO Non è una cosa tanto inverosimile.

RAGAZZINA Io non ci credo.

MARITO E non ti fai scrupolo a spingere un marito sulla via del tradimento?

RAGAZZINA Ma figurati, tanto tua moglie farà sicuramente lo stesso.

MARITO (*indignato*)   Senti, ti proibisco di fare certi ap-
prezzamenti...

RAGAZZINA   Mi pareva d'aver capito che non fossi sposato.

MARITO   Sposato o no... certe cose non si dicono. (*Si è al-
zato*).

RAGAZZINA   Karl, Karl, via, cosa c'è? Sei arrabbiato?
Ascolta, non sapevo veramente che tu fossi sposato. Ho
detto solo cosí. Su, vieni qui e non volermene.

MARITO (*dopo un attimo le si avvicina*)   Siete proprio delle strane creature, voi... donne. (*Accanto a lei si fa di
nuovo tenero*).

RAGAZZINA   Va'... basta... è già tardi...

MARITO   Dunque, ora stammi a sentire, parliamo un po'
seriamente. Io desidero rivederti, rivederti spesso.

RAGAZZINA   Davvero?

MARITO   Ma per questo è necessario... insomma, devo po-
termi fidare. Io non posso badare a te.

RAGAZZINA   A questo ci penso io.

MARITO   Tu sei... be', proprio inesperta non si potrebbe
dire... ma giovane sí... e... gli uomini sono in genere senza scrupoli...

RAGAZZINA   Ahi, ahi, ahi...!

MARITO   Non intendo soltanto dal punto di vista morale...
Insomma, tu mi capisci.

RAGAZZINA   Ma dimmi, cosa pensi di me?

MARITO   Dunque... se mi vorrai bene... solo a me... possiamo organizzarci... anche se vivo a Graz. Un posto come questo, dove qualcuno può entrare da un momento
all'altro, non è certo il piú adatto. (*La ragazzina si stringe a lui*). La prossima volta... ci vedremo da un'altra parte, va bene?

RAGAZZINA   Sí.

MARITO   Dove nessuno possa disturbarci.

RAGAZZINA   Sí.

MARITO (*l'abbraccia con trasporto*)   Del resto parleremo
andando a casa. (*Si alza, apre la porta*) Cameriere... il
conto!

VII.

La ragazzina e il poeta

Una cameretta arredata con confortevole buon gusto.
Tende, che mantengono la stanza in penombra. Cortine
rosse. Una grande scrivania carica di carte e libri. Un
pianoforte verticale appoggiato alla parete.

La ragazzina e il poeta entrano insieme. Il poeta chiude
la porta.

POETA   Eccoci qua, tesoro. (*La bacia*).

RAGAZZINA (*in cappello e mantellina*)   Ah, ma è proprio
bello qui! Solo che non ci si vede!

POETA   I tuoi occhi devono abituarsi alla penombra...
Questi dolcissimi occhi... (*La bacia sugli occhi*).

RAGAZZINA   Questi dolcissimi occhi non ne avranno però
il tempo.

POETA   Perché?

RAGAZZINA   Perché resto soltanto due minuti.

POETA   Almeno togliti il cappello.

RAGAZZINA   Per due minuti?

POETA (*toglie lo spillone al cappello e li poggia da una parte*)   E la mantellina...

RAGAZZINA   Ma perché?... Devo andarmene subito.

POETA   Dovrai pur riposarti! Abbiamo girato per tre ore.

RAGAZZINA   In carrozza.

POETA   Già, venendo a casa... ma a Weidling, lungo il ru-
scello, abbiamo camminato tre ore buone. Siedi dunque,
tesoro... dove preferisci... qui alla scrivania... anzi no,
è scomodo. Siediti sul divano... Cosí. (*La costringe a se-
dersi*) Se sei molto stanca, puoi anche sdraiarti... cosí!
(*La adagia sul divano*) Qui, la testolina sul cuscino.

RAGAZZINA (*ridendo*)   Ma io non sono affatto stanca!

POETA   Lo credi tu! Cosí... e se hai sonno, addormentati
pure. Io starò zitto zitto. Se vuoi, posso anche suonarti
una ninna nanna... scritta da me... (*Si avvicina al pianoforte*).

RAGAZZINA   Da te?

POETA   Sí.

RAGAZZINA   Io credevo, Robert, che tu fossi dottore.

POETA   E perché? Ti avevo detto che sono scrittore.

RAGAZZINA   Ma gli scrittori sono tutti dottori.

POETA   No, non tutti; io, per esempio, no. Ma come ti è
venuto in mente?

RAGAZZINA   Be', perché hai detto che il pezzo che stai suonando è tuo.

POETA   Sí... forse non è neppure mio, ma che importa?
Chiunque lo abbia composto, è lo stesso. L'importante è
che sia bello, non ti pare?

RAGAZZINA   Certo... l'importante è che sia bello... questo
è l'essenziale!...

POETA   Sai cosa intendevo dire?

RAGAZZINA   Cosa?

POETA   Quello che stavo dicendo!

RAGAZZINA (*con tono assonnato*)   Sí, certo.

POETA (*si alza e le si avvicina, carezzandole i capęlli*)   Non
hai capito neppure una parola.

RAGAZZINA   Va', non sono mica tanto sciocca!

POETA   Certo, che lo sei. Ma proprio per questo mi piaci.
Ah, è cosí bello quando siete sciocche! Come lo sei tu,
voglio dire.

RAGAZZINA   Senti, perché mi insulti?

POETA   Angelo mio, vero che si sta bene sdraiati sul mor-
bido tappeto persiano?

RAGAZZINA   Oh sí! Via, perché non suoni ancora il piano?

POETA   No, preferisco starti vicino. (*La carezza*).

RAGAZZINA   Senti, non sarebbe meglio fare un po' di luce?

POETA   Oh no... Questa penombra fa cosí bene! Per tutto
il giorno ci siamo come bagnati nei raggi di sole. Adesso
siamo per cosí dire usciti dal bagno e ci avvolgiamo ad-

dosso... la penombra come un accappatoio... (*Ride*)...
no... bisogna dirlo in un'altra maniera... Non trovi?

RAGAZZINA Non lo so.

POETA (*scostandosi un poco da lei*) Divina questa stupi-
dità! (*Prende un taccuino e vi scrive qualche parola*).

RAGAZZINA Che fai? (*Volgendosi verso di lui*) Ma cosa
stai scrivendo?

POETA (*sottovoce*) Sole, bagno, penombra, accappatoio...
Ecco fatto... (*Ripone il taccuino. Ad alta voce*) Nulla...
Ora dimmi, tesoro, non vuoi qualcosa da bere o da man-
giare?

RAGAZZINA Sete, veramente, non ne ho. Ma appetito, sí!

POETA Hm... preferirei che tu avessi sete. Cognac, in casa,
ce n'è, ma cose da mangiare dovrei andarle a prendere.

RAGAZZINA Non potresti mandare qualcuno?

POETA Difficile, perché la domestica è andata via... aspetta... ci andrò io... cosa vorresti?

RAGAZZINA Senti, non ne vale la pena, devo tornare a casa.

POETA Neanche per idea, bambina mia. Ti faccio una proposta: quando usciamo, ce ne andiamo a cena da qualche parte.

RAGAZZINA Oh no, non c'è tempo. E poi, dove andare?
Potremmo incontrare qualche conoscente.

POETA Perché, ne hai tanti?

RAGAZZINA Basta che ci veda uno, e il guaio è fatto.

POETA Quale guaio?

RAGAZZINA Cosa credi, se la mamma venisse a sapere...

POETA Possiamo anche andare dove nessuno ci veda: ci
sono ristoranti che hanno salottini riservati.

RAGAZZINA (*canticchiando*) Sí, il *dîner* nel *séparé*!

POETA Ci sei già stata?

RAGAZZINA A dir la verità... sí.

POETA Chi era il fortunato?

RAGAZZINA Oh, non è stato come tu immagini!... ero con
una mia amica e il suo fidanzato. Sono stati loro a por-
tarmici.

POETA Ah, cosí. E io dovrei crederti?

RAGAZZINA Non è necessario!

POETA (*accanto a lei*) Diventi rossa, adesso? Non ci si vede

piú! Non riesco a distinguere i tuoi lineamenti. (*Le toc-*
ca le guance con la mano) Però anche cosí ti riconosco.

RAGAZZINA   Bada di non scambiarmi con un'altra.

POETA   È strano, non riesco piú a ricordare il tuo volto.

RAGAZZINA   Ti ringrazio!

POETA (*in tono serio*)   Senti, è una cosa quasi inquietante:
non riesco a immaginarti... In un certo senso ti ho già
dimenticata... Se non potessi piú ricordare neppure il
suono della tua voce... cosa saresti?... Vicina e lontana
nello stesso tempo... inquietante...

RAGAZZINA   Via, ma cosa dici?...

POETA   Nulla, angelo mio, nulla. Dove sono le tue labbra...
(*La bacia*).

RAGAZZINA   Non vuoi fare un po' di luce, piuttosto?

POETA   No... (*Si fa molto tenero*) Dimmi se mi vuoi bene.

RAGAZZINA   Molto... oh, molto!

POETA   Hai amato già qualche altro quanto me?

RAGAZZINA   Te l'ho già detto... no.

POETA   Ma... (*Sospira*).

RAGAZZINA   Quello era il mio fidanzato.

POETA   Preferirei che adesso non pensassi a lui.

RAGAZZINA   Via... che fai... senti...

POETA   Ora possiamo anche immaginare d'essere in un castello in India.

RAGAZZINA   Là non sono certo cattivi come te.

POETA   Sciocchezze! Divina... Ah, se tu sapessi cosa rap-
presenti per me...

RAGAZZINA   Be'?...

POETA   Non allontanarmi sempre, non ti faccio nulla... per
ora.

RAGAZZINA   Senti, il corpetto mi dà fastidio.

POETA (*con noncuranza*)   Toglitelo!

RAGAZZINA   Va bene; però non devi fare il cattivo.

POETA   No. (*La ragazzina si alza e al buio si toglie il cor-*
petto. Il poeta è rimasto a sedere sul divano) Dimmi,
non t'interessa proprio conoscere il mio nome?

RAGAZZINA   Sí, come ti chiami?

POETA   Non ti dirò come mi chiamo, ma che nome mi sono
dato.

RAGAZZINA   Che differenza c'è?

POETA   Be', il mio nome d'arte.

RAGAZZINA   Ah, non ti firmi col tuo vero nome? (*Il poeta le si è fatto vicino*). Ah... via... no...

POETA   Che profumo dolcissimo... (*Le bacia il petto*).

RAGAZZINA   Ma mi strappi la camicia!

POETA   Via... via... tutte cose inutili!...

RAGAZZINA   Ma Robert!

POETA   E ora vieni nel nostro castello indiano!

RAGAZZINA   Prima dimmi se mi vuoi veramente bene.

POETA   Ma io t'adoro. (*La bacia con ardore*) Ti adoro, tesoro mio, mia primavera... mio...

RAGAZZINA   Robert... Robert...

. . . .

POETA   È stata una beatitudine divina!... Mi chiamo...

RAGAZZINA   Robert, mio Robert!

POETA   Mi chiamo Biebitz.

RAGAZZINA   Perché ti chiami Biebitz?

POETA   Non mi chiamo Biebitz, ma ho preso questo nome... perché, forse non lo conosci?

RAGAZZINA   No.

POETA   Non conosci il nome di Biebitz? Ah... è divino! Sul serio? Fai per dire, che non lo conosci, vero?

RAGAZZINA   Ti giuro che non l'ho mai sentito!

POETA   Ma non vai mai a teatro?

RAGAZZINA   Oh sí... ci sono andata proprio qualche giorno fa con uno... sai, sono andata con la mia amica e suo zio all'opera, a sentire la *Cavalleria*.

POETA   Dunque, al Burgtheater non vai mai.

RAGAZZINA   Non mi regalano mai i biglietti.

POETA   Penserò io a mandartene uno.

RAGAZZINA   Oh, sí! Ma non dimenticartene! E che sia una cosa allegra!

POETA   Sí... allegra... a sentire le cose tristi non vuoi andare?

RAGAZZINA   Preferisco di no.

POETA   Anche se si tratta di un mio lavoro?

RAGAZZINA   Va'... un lavoro tuo? Scrivi per il teatro?

POETA   Scusa, voglio fare soltanto un po' di luce. Non ti
ho ancora guardato, da quando sei diventata mia... Angelo mio! (*Accende una candela*).

RAGAZZINA   Via, mi vergogno! Dammi almeno una coperta.

POETA   Dopo! (*Si avvicina con la candela, la contempla a
lungo*).

RAGAZZINA (*si copre il volto con le mani*)   Via, Robert!

POETA   Sei bella, sei la Bellezza, forse addirittura la Natura, sei la santa Semplicità!

RAGAZZINA   Ehi, mi sgocciòli addosso la cera! Perché non
fai attenzione!

POETA (*mette via la candela*)   Sei quella che cercavo da
tanto tempo. Ami soltanto me, mi ameresti anche se fossi un semplice commesso di merceria. Mi fa piacere. Ti
confesserò che sino a questo momento non riuscivo a liberarmi da un certo sospetto. Dimmi sinceramente, non
hai pensato che fossi Biebitz?

RAGAZZINA   Senti, non so proprio che vuoi da me. Io non
conosco nessun Biebitz.

POETA   Cos'è mai la gloria! No, dimentica ciò che ti ho
detto, dimentica anche il nome che ho pronunciato! Sono Robert, e per te voglio rimanere tale. Ho solo scher-
zato. (*In tono facile*) Non sono scrittore, faccio il commesso e la sera accompagno i canzonettisti al pianoforte.

RAGAZZINA   Senti, ora non ci capisco proprio piú niente...
no... e poi guardi in un modo tale! Cosa c'è, cos'hai?

POETA   È strano... non mi era mai successo, tesoro mio...
sto per piangere. Mi commuovi profondamente. Vuoi
che restiamo insieme? Ci ameremo molto.

RAGAZZINA   Dimmi, è vera la storia dei cantanti?

POETA   Sí, ma non fare altre domande. Non chiedermi piú
nulla, se mi vuoi bene. Senti, non riesci a liberarti per un
paio di settimane?

RAGAZZINA   Cosa vuol dire «liberarmi»?

POETA   Be', venir via da casa.

RAGAZZINA   Ma senti!! Come potrei? Che direbbe la mamma? E poi, la casa – senza di me – non va avanti.

POETA   Mi ero immaginato di poter vivere alcune settima-

ne con te, solo con te, in qualche luogo solitario, nel bo-
sco, in mezzo alla natura. Natura... nella natura... E poi
un giorno dirsi addio... lasciarsi, senza sapere dove andiamo.

RAGAZZINA   Ecco che già parli di addio! Ed io credevo che
tu mi volessi tanto bene!

POETA   Proprio per questo... (*Si china su di lei e la bacia
sulla fronte*) Dolce creatura!

RAGAZZINA   Via, stringimi forte, ho freddo.

POETA   È tempo che tu ti vesta. Aspetta, accendo ancora
qualche candela.

RAGAZZINA (*si alza*)   Non guardare.

POETA   No. (*Alla finestra*) Dimmi, bambina mia, sei felice?

RAGAZZINA   Cosa vuoi dire?

POETA   Voglio dire se sei felice in generale...

RAGAZZINA   Potrebbe anche andar meglio.

POETA   Non mi hai capito. Della tua situazione familiare
mi hai già parlato abbastanza. So che non sei una principessa. Voglio dire, se prescindi da tutto questo, quando
ti senti semplicemente vivere. Ma ti senti, poi, vivere?

RAGAZZINA   Piuttosto, hai un pettine?

POETA (*va alla toilette, le porge il pettine, e la contempla*)
Mio Dio, sei incantevole!

RAGAZZINA   Ma... no!

POETA   Senti, resta ancora qui, resta, io vado a prendere
qualcosa per cenare e...

RAGAZZINA   Ma è già tanto tardi!

POETA   Non sono ancora le nove!

RAGAZZINA   Via, sii buono, devo spicciarmi.

POETA   Allora, quando ci rivedremo?

RAGAZZINA   Tu, quando vorresti?

POETA   Domani.

RAGAZZINA   Che cos'è domani?

POETA   Sabato.

RAGAZZINA   No, allora non posso, devo andare con mia sorella piú piccola dal tutore.

POETA   Allora domenica... hm... domenica... sí, domenica... adesso debbo spiegarti una cosa. Io non sono Bie-

bitz, Biebitz è un mio amico. Un giorno te lo presenterò. Ma domenica dànno un lavoro di Biebitz: ti manderò un biglietto e poi verrò a prenderti in teatro. Mi dirai se ti è piaciuto, intesi?

RAGAZZINA   Di nuovo la storia di Biebitz... non ci capisco nulla.

POETA   Quando saprò che effetto ti ha fatto lo spettacolo, potrò dire di conoscerti davvero.

RAGAZZINA   Ecco... sono pronta.

POETA   Vieni, tesoro!

Escono.

VIII.

Il poeta e l'attrice

Camera in una locanda di campagna. È una sera di primavera, la luna illumina i prati e i colli, le finestre sono spalancate. Calma profonda.

Entrano il poeta e l'attrice; nel varcare la soglia, la candela che il primo tiene in mano si spegne.

POETA   Oh...

ATTRICE   Che c'è?

POETA   La luce... Ma non ne abbiamo bisogno. Guarda com'è chiaro: è meraviglioso! (*L'attrice s'inginocchia improvvisamente davanti alla finestra, a mani giunte*). Cos'hai? (*L'attrice tace. Il poeta le si avvicina*) Ma che fai?

ATTRICE (*irritata*)   Non vedi che sto pregando?...

POETA   Credi in Dio?

ATTRICE   Certo, non sono mica una bestia.

POETA   Ah, davvero!

ATTRICE   Vieni qui, inginocchiati accanto a me. Potresti pregare, una volta tanto, anche tu, non ci rimetterai niente. (*Il poeta le si inginocchia accanto, abbracciandola*). Dissoluto!... (*Si alza*) E sai chi ho pregato?

POETA   Dio, suppongo.

ATTRICE (*in tono di scherno*)   Proprio! Pregavo te!

POETA   E allora, perché guardavi fuori dalla finestra?

ATTRICE   Dimmi piuttosto dove m'hai portata, seduttore!

POETA   Ma tesoro, l'idea è stata tua! Hai detto che volevi andare in campagna... e proprio qui!

ATTRICE   E non avevo forse ragione?

POETA   Certo, è un posto delizioso. Se si pensa che è a sole due ore da Vienna... in piena solitudine! E che natura!

ATTRICE   Vero? Potresti scrivere qualcosa, se avessi un
po' di talento.

POETA   Ci sei già stata, qui?

ATTRICE   Se ci sono stata? E come! Ci ho vissuto per anni!

POETA   Con chi?

ATTRICE   Be', con Fritz, naturalmente.

POETA   Ah, capisco!

ATTRICE   L'ho adorato, quell'uomo!...

POETA   Me lo hai già raccontato.

ATTRICE   Scusami... posso anche andarmene, se ti annoio!

POETA   Tu annoiarmi?... Tu non sai quello che rappresen-
ti per me... Sei tutto un mondo... Sei il Divino, sei il
Genio... Sei... Tu sei la santa Semplicità... Sí, tu... Ma
adesso non dovresti parlare di Fritz.

ATTRICE   Sí, è stato uno sbaglio! Dài!...

POETA   Mi fa piacere che tu te ne renda conto.

ATTRICE   Vieni qui, dammi un bacio! (*Il poeta la bacia*).
E adesso diamoci la buona notte! Addio, tesoro!

POETA   Cosa significa?

ATTRICE   Me ne vado a dormire!

POETA   Sí, d'accordo... ma quanto alla buona notte... dove
dovrei passarla, io?

ATTRICE   Ci sono sicuramente tante altre stanze, in questo
posto!

POETA   Ma le altre non mi attirano. Ora, comunque, sarà
meglio fare un po' di luce, ti pare?

ATTRICE   Sí.

POETA   (*accende la candela sul comodino da notte*) Che
stanza graziosa... e come sono devoti qui: solo immagini sacre... Sarebbe interessante passare un po' di tempo
fra queste persone... proprio un altro mondo. Sappiamo
cosí poco degli altri!

ATTRICE   Non dire sciocchezze e dammi, piuttosto, quella borsetta che è lí sul tavolo!

POETA   Ecco qui, mia Divina! (*L'attrice estrae dalla borsetta una piccola immagine incorniciata e la posa sul comodino da notte*). Cos'è?

ATTRICE   La Madonna.

POETA   La porti sempre con te?

ATTRICE   È il mio talismano! E adesso va', Robert, Robert!

POETA   Ma che razza di scherzi sono questi? Non posso aiutarti?

ATTRICE   No, ora devi andare.

POETA   E quando potrò tornare?

ATTRICE   Fra dieci minuti.

POETA (*la bacia*)   Arrivederci!

ATTRICE   Dove vai?

POETA   Passeggerò su e giú sotto la finestra. Mi piace molto camminare di notte all'aria aperta: è cosí che mi vengono le idee migliori. E poi, vicino a te, avvolto – per cosí dire – dalla nostalgia di te... aleggiando nella tua arte...

ATTRICE   Parli come un idiota...

POETA (*dolorosamente*)   Ci sono donne che forse direbbero... come un poeta.

ATTRICE   Ora va', su. Ma non fare la corte alla cameriera... (*Il poeta esce. L'attrice si spoglia tendendo l'orecchio ai passi di lui che scende la scala di legno ed ora cammina sotto la finestra. Appena spogliata va al davanzale e guarda giú: il poeta è lì sotto. L'attrice lo chiama con voce smorzata*) Vieni! (*Il poeta sale rapidamente la scala, si precipita verso di lei che nel frattempo si è coricata e ha spento la luce, e serra la porta*). Ecco, ora puoi sederti accanto a me e raccontarmi qualcosa.

POETA (*si siede sul letto, accanto a lei*)   Non è meglio chiudere la finestra? Non senti freddo?

ATTRICE   Oh no!

POETA   Cosa vuoi che ti racconti?

ATTRICE   Dimmi, chi stai tradendo in questo momento?

POETA   Purtroppo, ancora nessuno!

ATTRICE   Consolati, anch'io tradisco qualcuno.

POETA   Posso immaginarmelo!

ATTRICE   E chi credi che sia?

POETA   A questo, mia cara, non ci arrivo.

ATTRICE   Indovina, dunque.

POETA   Aspetta... Sí, il tuo direttore.

ATTRICE Mio caro, non sono mica una corista!

POETA Ma, pensavo...

ATTRICE Provaci un'altra volta, a indovinare.

POETA Allora tradisci un tuo collega... Benno...

ATTRICE No! A quello le donne non piacciono... non lo sai? È l'amico del suo portalettere!

POETA Possibile!

ATTRICE Dammi piuttosto un bacio! (*Il poeta l'abbraccia*). Che cosa fai?

POETA Non tormentarmi cosí!

ATTRICE Senti, Robert, ti faccio una proposta: sdraiati accanto a me.

POETA Accettata!

ATTRICE Vieni dunque, vieni!

POETA Ecco... se fosse stato per me, già ci sarei da un pezzo... Senti?...

ATTRICE Cosa?

POETA Fuori cantano i grilli.

ATTRICE Sei pazzo, ragazzo mio: grilli, qui, non ce ne sono.

POETA Ma anche tu li senti.

ATTRICE Dài, vieni!

POETA Eccomi. (*Si stende accanto a lei*).

ATTRICE E adesso fermo cosí... Ehi... non muoverti...

POETA Ma che ti salta in mente?

ATTRICE Ti piacerebbe diventare il mio amante?

POETA Dovresti averlo capito.

ATTRICE Sono tanti, che lo vorrebbero...

POETA Non c'è, però, dubbio che in questo momento io sono il piú favorito.

ATTRICE Allora vieni, grillo mio! D'ora in poi ti chiamerò grillo.

POETA Bene.

ATTRICE Dunque, chi sto tradendo?

POETA Chi?... Forse me...

ATTRICE Ragazzo mio, cos'hai nella testa...

POETA Oppure uno... che tu stessa non hai mai visto... uno che non conosci, uno... che ti è destinato e che non riesci mai a trovare...

ATTRICE   Ti prego, smettila con tutte queste favole sciocche!
POETA   ... Non è strano?... anche tu... mentre si dovrebbe
credere... Ma no, ti si toglierebbe il meglio, se si voles-
se... vieni, vieni... vieni...

. . . .

ATTRICE   È molto piú bello che recitare sciocche comme-
die... non credi?
POETA   Io credo che sia un bene che tu, di tanto in tanto,
debba recitarne una intelligente.
ATTRICE   Alludi naturalmente alla tua, razza di vanitoso!
POETA   Certo!
ATTRICE   (seria) È un lavoro veramente magnifico!
POETA   Vedi dunque!...
ATTRICE   Sí, Robert, sei un grande genio!
POETA   Già che ci siamo, potresti anche dirmi perché l'al-
tro ieri non hai recitato, senza una ragione al mondo.
ATTRICE   Volevo farti arrabbiare.
POETA   Perché? Cosa ti ho fatto?
ATTRICE   Sei stato arrogante.
POETA   Come?
ATTRICE   Tutti in teatro lo dicono.
POETA   Ah sí?
ATTRICE   Ma io ho detto loro che uno come te ha il dirit-
to di esserlo.
POETA   E cosa hanno risposto?
ATTRICE   Che dovevano rispondere? Io non parlo con nes-
suno.
POETA   Ah sí...
ATTRICE   Vorrebbero avvelenarmi, ma non ci riusciranno.
POETA   Adesso non pensare agli altri: godi piuttosto d'es-
sere qui con me, e dimmi che mi vuoi bene.
ATTRICE   Desideri altre prove?
POETA   Ma è una cosa che non si può provare!
ATTRICE   Questa poi è bella! Cos'altro vorresti?
POETA   A quanti hai già voluto provarlo in questo modo...
e li hai tutti amati?
ATTRICE   Oh no! Ho amato uno solo.

POETA (*abbracciandola*)   Mia...

ATTRICE   Fritz.

POETA   Io mi chiamo Robert. Cosa sono allora per te, se adesso pensi a Fritz?

ATTRICE   Un capriccio.

POETA   Bene a sapersi.

ATTRICE   E non sei orgoglioso?

POETA   Orgoglioso di che?

ATTRICE   Mi pare che un motivo per esserlo tu ce l'abbia.

POETA   Ah, per questo?

ATTRICE   Sí, proprio per questo, mio pallido grillo!... Già, e quelli là fuori? Cantano ancora?

POETA   Senza sosta. Non senti?

ATTRICE   Certo che sento: ma sono rane, ragazzo mio.

POETA   T'inganni, le rane gracidano.

ATTRICE   Naturalmente gracidano.

POETA   Ma non qui, bambina mia, quello che senti è il canto dei grilli.

ATTRICE   Sei l'essere piú testardo che abbia mai incontrato! Dammi un bacio, ranocchio mio!

POETA   Scusa, non chiamarmi cosí, mi rendi nervoso!

ATTRICE   Come devo chiamarti, allora?

POETA   Ce l'ho pure un nome: Robert.

ATTRICE   No, è troppo sciocco!

POETA   Ti prego di chiamarmi solo con il mio nome.

ATTRICE   Dunque, Robert, dammi un bacio... Ah! (*Lo bacia*) Adesso sei contento, ranocchio? Hahaha!

POETA   Permetti che accenda una sigaretta?

ATTRICE   Dammene una anche a me. (*Il poeta prende l'astuccio dal comodino da notte, ne toglie due sigarette, le accende e ne porge una all'attrice*). Non mi hai ancora detto una parola su come ho recitato ieri.

POETA   Quando?

ATTRICE   Dài...

POETA   Ah sí... Non ero in teatro.

ATTRICE   Vuoi scherzare.

POETA   Niente affatto. Dopo la tua rinuncia dell'altro ieri ho pensato che non saresti stata ancora in piena forma, e ho preferito non andarci.

ATTRICE   Hai perso molto.

POETA   Ah sí?

ATTRICE   È stata una cosa sensazionale, li ho lasciati senza fiato.

POETA   Te ne sei proprio accorta?

ATTRICE   Benno mi ha detto: «Bambina, hai recitato come una dea».

POETA   Hm... e l'altro ieri stavi cosí male.

ATTRICE   Sí, certo. E sai perché? Perché avevo nostalgia di te.

POETA   Poco fa hai detto di aver rinunziato per farmi arrabbiare.

ATTRICE   Ma cosa ne sai, tu, dell'amore che provo per te? Tutto ciò ti lascia freddo, mentre io per notti intere sono stata in preda alla febbre. Quaranta gradi!

POETA   Parecchio, per un capriccio.

ATTRICE   Lo chiami capriccio? Io muoio d'amore per te, e tu lo chiami capriccio...?!

POETA   E Fritz...?

ATTRICE   Fritz? Non parlarmi di quell'avanzo di galera!...

IX.

L'attrice e il conte

La stanza da letto dell'attrice, sontuosamente arredata. È mezzogiorno, le tapparelle sono ancora abbassate, sul tavolino da notte arde una candela, l'attrice è ancora distesa nel suo letto a baldacchino. Sulla coperta, sparsi qua e là, molti giornali.

Entra il conte, in uniforme da capitano dei dragoni, e si ferma sulla soglia.

ATTRICE   Ah, conte...
CONTE   La signora madre mi ha permesso... altrimenti non sarei...
ATTRICE   La prego, venga avanti!
CONTE   Le bacio la mano. Oh pardon... quando si viene da fuori... non distinguo ancora nulla. Ecco... dovremmo essere arrivati... (*Vicino al letto*) ... Le bacio la mano.
ATTRICE   Si segga, conte.
CONTE   La signora madre mi ha detto che la signorina non si sente bene... Spero non sia nulla di grave.
ATTRICE   Nulla di grave? Sono stata sul punto di morire!
CONTE   Mio Dio, possibile?
ATTRICE   Comunque, è stato molto gentile da parte sua venire a trovarmi.
CONTE   Sul punto di morire! E ancora ieri sera ha recitato come una dea!
ATTRICE   È stato davvero un grande trionfo.
CONTE   Colossale!... Ha trascinato con sé tutto il pubblico. Non parliamo poi di me.
ATTRICE   Grazie per i bei fiori.
CONTE   Ma prego, signorina!

ATTRICE (*accennando con gli occhi a un grande cesto di fiori collocato su un poggiavasi, sopra il davanzale della finestra*) Sono là.

CONTE Ieri è stata letteralmente sepolta da fiori e ghirlande!

ATTRICE Ho lasciato tutto nel mio camerino: a casa mi sono portata soltanto i suoi.

CONTE (*le bacia la mano*) È molto caro da parte sua. (*L'attrice prende improvvisamente quella di lui, e la bacia*). Ma signorina...

ATTRICE Non si spaventi, conte, questo non la obbliga a niente.

CONTE Lei è una strana creatura... enigmatica, si potrebbe quasi dire.

Pausa.

ATTRICE La signorina Birken è piú facile a capirsi.

CONTE Sí, la piccola Birken non è un problema, per quanto... io la conosco del resto solo superficialmente.

ATTRICE Oh...!

CONTE Può credermi. Lei, invece, è un problema. Una cosa che mi ha sempre attirato. Dunque ho perso molto, vedendola recitare per la prima volta... soltanto ieri.

ATTRICE Possibile?

CONTE Sí. Vede, signorina, col teatro non è tanto semplice: io sono abituato a cenare tardi... e quando poi si arriva, il meglio è già passato. Non è cosí?

ATTRICE Allora, da oggi in poi cenerà prima.

CONTE Sí, ci ho già pensato. Oppure non mangerò affatto; cenare non è poi un gran piacere!

ATTRICE Cos'è che considera ancora un piacere, vecchio mio?

CONTE Me lo chiedo anch'io, ogni tanto! Ma vecchio non sono. Dev'esserci un altro motivo.

ATTRICE Lei crede?

CONTE Sí. Lulu, per esempio, dice che sono un filosofo, cioè che penso troppo – capisce, signorina?

ATTRICE Certo... pensare è una disgrazia.

CONTE   Ho troppo tempo a disposizione, ecco perché ri-
fletto. Vede, signorina, credevo che col mio trasferimen-
to a Vienna le cose sarebbero andate meglio: distrazio-
ni, stimoli... Ma in fondo, non è molto diverso da quando ero lassú.

ATTRICE   Lassú dove?

CONTE   Là, laggiú, signorina, in Ungheria, in quei paesini
dove sono stato quasi sempre di guarnigione.

ATTRICE   Ma cosa faceva, in Ungheria?

CONTE   Come ho detto ero di servizio, signorina.

ATTRICE   E perché ci è rimasto tanto tempo?

CONTE   Sono cose che succedono.

ATTRICE   Dev'essere da impazzire!

CONTE   E perché? C'è piú da fare che qui: sa, istruire le
reclute, montare i puledri... e poi il posto non è cosí brut-
to come si dice. Ci sono cose molto belle: la pianura... e
certi tramonti: peccato che non sia un pittore, altrimenti li dipingerei, mi sono detto tante volte. C'era un giovanotto, al reggimento, un certo Splany: quello ci riu-
sciva... Ma che storie noiose le sto raccontando, signorina...

ATTRICE   La prego, mi diverto moltissimo!

CONTE   Sa, signorina, con lei si parla volentieri; me lo aveva già detto Lulu, ed è una cosa tanto rara.

ATTRICE   Certo, in Ungheria...

CONTE   Ma anche a Vienna! Gli uomini sono dovunque
gli stessi: dove sono in piú, c'è una ressa maggiore, questa è l'unica differenza. Mi dica, signorina, le piacciono
i suoi simili?

ATTRICE   Se mi piacciono...?? Li odio! Non li posso vedere! E non vedo veramente nessuno. Sono sempre sola, in questa casa non entra anima viva.

CONTE   Vede, signorina, io immaginavo che lei fosse una
misantropa; una cosa frequente, credo, nel mondo del-
l'arte. Quando si vive nelle sfere superiori... be', lei se
la passa bene. Lei, almeno, sa perché vive.

ATTRICE   E chi glielo dice? Chissà qual è lo scopo della
mia vita!

CONTE   Ma signorina... la fama... il successo...

ATTRICE È forse un motivo per essere felici?

CONTE Felici? Ma signorina, la felicità non esiste. In genere, proprio le cose di cui piú si parla non esistono...
per esempio l'amore. È esattamente lo stesso.

ATTRICE In questo ha ragione.

CONTE Godimento... estasi... benissimo, non c'è nulla da
dire... è qualcosa di certo. In questo momento io godo...
d'accordo, lo so, godo. Oppure sono in estasi, va bene.
Anche questo è certo. E quando è passato, è passato e
basta.

ATTRICE (*solenne*) È passato!

CONTE Ma appena... come devo dire... appena non ci si
abbandona al momento, e si pensa al prima o al poi...
be', allora è finita: il prima è incerto... il poi è triste...
insomma, ci si sente turbati e basta. Non ho ragione?

ATTRICE (*annuisce con gli occhi spalancati*) Lei ha proprio colto nel segno.

CONTE E poi vede, signorina, quando uno ha capito questo, gli è indifferente vivere a Vienna o nella pusta oppure a Steinamanger. Ad esempio... dove posso mette-
re il berretto? Ah ecco... grazie... di che stavamo parlan-
do?

ATTRICE Di Steinamanger.

CONTE Giusto. Dunque, come dicevo, la differenza non è
grande; che io passi la sera al circolo ufficiali o al club,
è lo stesso.

ATTRICE E cosa c'entra, questo, con l'amore?

CONTE Quando ci si crede, c'è sempre una che ci vuole
bene.

ATTRICE Per esempio, la signorina Birken.

CONTE Non riesco proprio a capire perché lei ritorni sempre sulla piccola Birken.

ATTRICE Ma è la sua amante!

CONTE Chi lo dice?

ATTRICE Lo sanno tutti.

CONTE Tutti, tranne me... è singolare!

ATTRICE Ma se ha avuto un duello per causa sua!

CONTE Forse, anzi, mi hanno ucciso e io non me ne sono
accorto!

ATTRICE   Caro conte, lei è un gentiluomo. Si sieda piú vi
cino.
CONTE   Lei permette?
ATTRICE   Qui, qui. (*Lo attira a sé e gli passa le dita fra*
capelli) Sapevo che oggi sarebbe venuto!
CONTE   Come mai?
ATTRICE   Lo sapevo fin da ieri, a teatro.
CONTE   Mi ha notato dal palcoscenico?
ATTRICE   Ma come! Non si è accorto che recito solo pe.
lei?
CONTE   È mai possibile?
ATTRICE   Ho avuto un fremito, quando l'ho vista sedute
in prima fila!
CONTE   Un fremito? Per causa mia? Non pensavo proprio
che mi avesse notato!
ATTRICE   Con la sua signorilità lei può ridurre alla dispe
razione.
CONTE   Sí signorina...
ATTRICE   «Sí signorina»!... Ma si tolga almeno la sciabola
CONTE   Se permette... (*Si sgancia la sciabola e l'appoggia*
al letto).
ATTRICE   E dammi finalmente un bacio. (*Il conte la bacia*
e lei lo trattiene) Sarebbe stato meglio che non ti avess:
mai guardato.
CONTE   È meglio cosí, invece!...
ATTRICE   Conte, lei è un *poseur*!
CONTE   Io... perché mai?
ATTRICE   Cosa crede, molti sarebbero felici di trovarsi a
suo posto!
CONTE   Io sono felicissimo.
ATTRICE   Veramente, pensavo che la felicità non esistes-
se. Ma come mi guardi? Credo che lei abbia paura di
me, conte!
CONTE   Le ho già detto, signorina, lei è un problema.
ATTRICE   Oh, lasciami in pace con la tua filosofia... Vieni
qui. E adesso chiedimi quello che vuoi... puoi avere tut-
to ciò che desideri. Mi piaci troppo.
CONTE   Allora le chiederò il permesso (*baciandole la ma-*
no) di tornare questa sera.

ATTRICE   Questa sera... io recito.

CONTE   Dopo lo spettacolo.

ATTRICE   Non mi chiedi altro?

CONTE   Tutto il resto lo domanderò dopo teatro.

ATTRICE (*offesa*)   Potrai chiedere per un pezzo, miserabile *poseur*.

CONTE   Ma vede, anzi, vedi, fino a questo momento siamo stati cosí sinceri l'uno con l'altra... Penso che tutto sarebbe piú bello, la sera, dopo lo spettacolo... piú intimo... adesso mi sembra sempre che la porta possa aprirsi da un momento all'altro...

ATTRICE   Non si apre da fuori.

CONTE   Vedi, trovo che non dovremmo sciupare con leggerezza fin da principio qualcosa che forse potrebbe essere molto bello.

ATTRICE   Forse!...

CONTE   Se devo dirti la verità, trovo che di mattina l'amore è orribile.

ATTRICE   Senti... sei l'essere piú pazzo che abbia mai incontrato!

CONTE   Non parlo di donne qualunque... in generale la cosa è dopotutto indifferente. Ma donne come te... no, puoi chiamarmi pazzo cento volte, però le donne come te... non si prendono prima di colazione. E perciò... sai... cosí...

ATTRICE   Dio, che tesoro!

CONTE   Tu comprendi, vero, quello che ho detto... Me l'immagino...

ATTRICE   Come te l'immagini?

CONTE   Penso che... dopo teatro ti aspetterò in una carrozza, e poi ce ne andremo insieme a cenare da qualche parte...

ATTRICE   Non sono mica la signorina Birken.

CONTE   Non volevo dir questo. Soltanto, credo che per ogni cosa ci voglia una certa atmosfera... e solo a cena mi riesce di trovarla. È cosí bello quando – dopo cena – si ritorna insieme a casa, e poi...

ATTRICE   E poi?

CONTE   E poi... dipenderà da come andranno le cose:

ATTRICE   Siediti piú vicino. Piú vicino.

CONTE (*si siede sul letto*)   Devo dire che dai cuscini emana un profumo... di reseda, mi pare... no?

ATTRICE   Fa molto caldo qui, non trovi? (*Il conte si china e le bacia il collo*). Ma conte, non era questo il suo programma!

CONTE   Chi lo dice? Io non ho programmi. (*L'attrice lo attira a sé*). Fa caldo veramente.

ATTRICE   Trovi? Ed è scuro, proprio come se fosse sera... (*Afferrandolo con trasporto*) È sera... è notte... chiudi gli occhi, se c'è troppa luce. Vieni!... Vieni!... (*Il conte non si difende piú*).

. . . .

Be', e la storia dell'atmosfera, *poseur*?

CONTE   Sei un piccolo demonio!

ATTRICE   Che modo di esprimerti!

CONTE   Be', diciamo un angelo.

ATTRICE   E tu avresti dovuto fare l'attore! Dico sul serio! Le conosci le donne, tu! E sai cosa farò, adesso?

CONTE   Cosa?

ATTRICE   Ti dirò che non voglio piú rivederti.

CONTE   Perché?

ATTRICE   No, no... Sei troppo pericoloso, per me! Sei capace di far impazzire una donna. Ecco, adesso te ne stai lí, come se nulla fosse successo.

CONTE   Ma...

ATTRICE   La prego di ricordare, conte, che un momento fa sono stata la sua amante!

CONTE   Non lo dimenticherò mai!

ATTRICE   E questa sera?

CONTE   Cosa vuoi dire?

ATTRICE   Non volevi aspettarmi dopo lo spettacolo?

CONTE   Sí, allora potremmo fare... per esempio... dopodomani.

ATTRICE   Che significa dopodomani? Si era detto oggi.

CONTE   Non avrebbe molto senso.

ATTRICE   Sei proprio un vecchio!

CONTE   Non mi comprendi. Alludo... come devo dire... alludo allo spirito.

ATTRICE   Cosa me ne importa del tuo spirito?

CONTE   Credimi, c'entra anche questo. È uno sbaglio distinguere troppo le due cose.

ATTRICE   Lasciami in pace con la tua filosofia. Se ne avrò voglia, la troverò nei libri.

CONTE   Dai libri non si impara mai nulla.

ATTRICE   È verissimo! Perciò dobbiamo incontrarci questa sera. Quanto allo spirito, ci metteremo d'accordo, furfante!

CONTE   Quand'è cosí, se permetti, verrò con la mia carrozza...

ATTRICE   Mi aspetterai qui a casa mia...

CONTE   ... Dopo lo spettacolo.

ATTRICE   Naturalmente. (*Il conte si aggancia la sciabola*). Che cosa fai?

CONTE   Penso che sia tempo d'andarmene. Come visita di convenienza è durata già un po' troppo.

ATTRICE   Senti, questa sera non sarà una visita di convenienza.

CONTE   Credi?

ATTRICE   Lascia fare a me. E adesso dammi ancora un bacio, mio piccolo filosofo. Ecco... seduttore... tesoro... venditore d'anime... marmottino... (*Dopo averlo baciato un paio di volte ardentemente, lo allontana con forza da sé*) Conte, è stato per me un grande onore!

CONTE   Bacio le mani, signorina! (*Sulla porta*). Arrivederci.

ATTRICE   Addio, Steinamanger!

x.

Il conte e la prostituta

Circa le sei del mattino. Una misera stanza con una sola
finestra e le tapparelle color giallo sporco abbassate. Lo-
gore tende verdognole. Un cassettone: sopra, alcune fo-
tografie e un cappello femminile da pochi soldi, di pessi-
mo gusto. Dietro lo specchio, ventagli giapponesi da
poco prezzo. Sul tavolo, coperto da un panno rossic-
cio, brucia con una debole fiamma fumosa una lampada
a petrolio dal paralume di carta gialla; accanto, un boc-
cale con un fondo di birra e un bicchiere vuoto a metà.
Sul pavimento, vicino al letto, sono sparsi in disordine
abiti femminili, come se fossero stati gettati in gran
fretta.

Nel letto, la prostituta: dorme con un respiro tranquillo. Sul divano, completamente vestito, il conte. È in soprabito di panno; il cappello è a terra, ai piedi del divano.

CONTE (*si muove, si sfrega gli occhi, si solleva con una mos-
sa rapida, rimane a sedere, si guarda intorno*) Ma come
mai... Ah già... Dunque, sono andato a casa con la ragazza... (*Si alza di scatto e scorge il letto di lei*) Eccola
lí... Guarda cosa può capitare a uno della mia età. Non
ricordo proprio, mi hanno portato qui? No... ho visto
bene che... entro nella stanza... sí... ero ancora sveglio,
allora, oppure mi ero svegliato... oppure... oppure è soltanto che la stanza mi ricorda qualcosa?... Ma sí, certo...
l'ho vista ieri... (*Guarda l'orologio*) Cosa?! Ieri, cioè due
ore fa... Ma lo sapevo, che qualcosa sarebbe successo...
l'ho sentito... appena ho cominciato a bere, ieri, ho sen-

tito che... E cosa è accaduto?... Proprio niente... Oppure sí...? Sul serio... Da... da dieci anni non mi era mai accaduto che non sapessi... Insomma, per farla breve, ero sbronzo... Se almeno sapessi il momento in cui... Però ricordo con precisione quando entrai con Lulu nel caffè delle prostitute, e... no, no... siamo venuti via da Sacher... e poi per strada... Ma sí, sono andato nella mia carrozza con Lulu... Perché sto a rompermi la testa? Tanto, è lo stesso. Cerchiamo piuttosto di procedere. (*Si alza. La lampada oscilla*). Oh! (*Guarda la donna addormentata*) Ha il sonno sodo. Io non so nulla... ma le lascerò il denaro sul comodino... e tanti saluti!... (*In piedi davanti a lei, la contempla lungamente*) Se non si sapesse il mestiere che fa! (*La guarda di nuovo a lungo*) Ne ho conosciute molte, ma nessuna aveva un aspetto cosí innocente, nel sonno... Perbacco... Lulu direbbe che ricomincio a fare il filosofo; eppure è cosí, il sonno fa tutti eguali, mi sembra... come sua sorella, la morte... Hm, vorrei solo sapere se... No, me ne ricorderei... no, son caduto subito sul divano... e non è successo niente... È incredibile come tutte le donne certe volte s'assomigliano... Be', andiamo (*fa l'atto di andarsene*). Ah, giusto... (*Leva di tasca il portafoglio e sta per cavarne una banconota*).

ROSTITUTA (*destandosi*)   Oh... chi è, cosí presto?... (*Riconoscendolo*) Ciao, Bubi!

ONTE   Buon giorno. Hai dormito bene?

ROSTITUTA (*si stira*)   Su vieni, dammi un bacio.

ONTE (*si china su di lei, poi riflette e si allontana*)   Stavo proprio per andarmene...

ROSTITUTA   Andartene?

ONTE   È davvero tardi.

ROSTITUTA   Dunque vuoi andartene?

ONTE (*quasi imbarazzato*)   Ma...

ROSTITUTA   Be', arrivederci; e ritorna un'altra volta.

ONTE   Sí, addio. Su, non vuoi darmi la mano? (*La prostituta sporge la mano da sotto la coperta. Lui gliela prende baciandola meccanicamente, se ne accorge, ride*) Come una principessa. Del resto, basterebbe soltanto...

PROSTITUTA Perché mi guardi a quel modo?

CONTE Basterebbe soltanto vedere la testolina, come ades
so... quando si svegliano, tutte hanno l'aria innocente..
davvero, ci si potrebbe immaginare qualsiasi cosa, s‹
non si sentisse questo puzzo di petrolio...

PROSTITUTA Sí, con quella lampada è sempre la stess‹
storia.

CONTE Quanti hanni hai?

PROSTITUTA Indovina?

CONTE Ventiquattro.

PROSTITUTA Sí, proprio!

CONTE Di piú, allora?

PROSTITUTA Entro nei venti.

CONTE E da quanto tempo...

PROSTITUTA La vita, è un anno che la faccio!

CONTE Hai cominciato presto.

PROSTITUTA Meglio troppo presto che troppo tardi.

CONTE (*si siede sul letto*) Di' un po', sei veramente feli‹
ce?

PROSTITUTA Cosa?

CONTE Voglio dire, se te la passi bene.

PROSTITUTA Oh, per me va sempre bene!

CONTE Ah, cosí... Dimmi, non ti è mai venuto in ment‹
che potresti mirare ad altro?

PROSTITUTA E a che cosa?

CONTE Per esempio... Tu sei una ragazza proprio carina:
potresti avere un amante.

PROSTITUTA Credi forse che non ne abbia?

CONTE Sí, capisco... ma intendevo dire, sai, uno che t‹
mantiene, in modo che tu non debba andare con chiun
que.

PROSTITUTA Ma io non vado con chiunque. Grazie a Di‹
non ne ho bisogno e posso scegliere. (*Il conte si guard‹
intorno. La prostituta se ne accorge*) Il mese prossim‹
noi ci trasferiamo in città, nella Spiegelgasse.

CONTE «Noi» chi?

PROSTITUTA Ma la signora e un altro paio di ragazze ch‹
alloggiano qui!

CONTE Ce ne sono altre...

PROSTITUTA   Qui accanto... non senti?... è la Milli, c'era
  anche lei al caffè...

CONTE   C'è qualcuno che russa.

PROSTITUTA   È la Milli. Adesso russa per tutto il giorno,
  fino alle dieci di sera, poi si alza e va al caffè.

CONTE   È una vita orrenda!

PROSTITUTA   Certo. E la signora si arrabbia. Io, a mezzogiorno, sono già per la strada.

CONTE   E cosa fai, a mezzogiorno, per la strada?

PROSTITUTA   Che faccio? Batto il marciapiede.

CONTE   Ah già... naturalmente... (*Si alza, estrae il portafoglio, posa una banconota sul comodino da notte*) Addio!

PROSTITUTA   Te ne vai già?... Ciao... Torna presto. (*Si
  gira su un fianco*).

CONTE (*si ferma di nuovo*)   Senti, per te è tutto lo stesso...
  no?

PROSTITUTA   Cosa?

CONTE   Voglio dire, che per te non è più un piacere.

PROSTITUTA (*sbadigliando*)   Ho un sonno!

CONTE   Per te è indifferente se uno è giovane o vecchio,
  se...

PROSTITUTA   Ma perché mi fai queste domande?

CONTE   ... Ecco... (*come ricordando improvvisamente*)
  ... adesso ho trovato chi mi ricordi...

PROSTITUTA   Assomiglio a qualcuno?

CONTE   Incredibile, incredibile... ma ora ti prego... non
  dire nulla... per un minuto almeno... (*La guarda*) Lo
  stesso volto, proprio lo stesso. (*La bacia improvvisamente sugli occhi*).

PROSTITUTA   Insomma...

CONTE   Davvero è peccato che tu... non sia... Potresti fare
  la tua fortuna!

PROSTITUTA   Sei proprio come Franz.

CONTE   Chi è Franz?

PROSTITUTA   Il cameriere del nostro caffè...

CONTE   E perché sono come Franz?

PROSTITUTA   Anche lui mi dice sempre che potrei fare la
  mia fortuna e che dovrei sposarlo.

CONTE   E perché non lo fai?

PROSTITUTA   Grazie tante... non mi sposerei, no, per tutto l'oro del mondo. Forse un giorno...

CONTE   Gli occhi... gli stessi occhi... Lulu direbbe certo che sono pazzo... ma io voglio baciarti ancora una volta gli occhi... cosí... e adesso addio, devo andarmene.

PROSTITUTA   Ciao...

CONTE (*sulla porta*)   Senti... di' un po'... non ti meraviglia...

PROSTITUTA   Che cosa?

CONTE   Che io non voglia nulla da te?

PROSTITUTA   Ce ne sono tanti che di mattina non si sentono la voglia.

CONTE   Sí, certo... (*Fra sé*) È troppo sciocco pretendere che si stupisca... Addio, dunque... (*Vicino alla soglia*) Sono proprio irritato. So bene che a certe donne interessa solo il denaro... ma che dico... certe... è bello... che almeno non finga – dovrebbe far piacere... Senti... tornerò presto a trovarti.

PROSTITUTA (*con gli occhi chiusi*)   Bene.

CONTE   Quando ti trovo, in casa?

PROSTITUTA   Ci sono sempre, in casa. Basta che tu chieda di Leocadia.

CONTE   Leocadia... Bene... Arrivederci, dunque. (*Sulla soglia*) Mi sento ancora stordito dal vino. È proprio il colmo... sono con una di quelle e mi limito a baciarle gli occhi, perché mi ricorda qualcuno... (*Si volta verso di lei*) Senti, Leocadia, ti capita spesso che uno se ne vada cosí?...

PROSTITUTA   E come?

CONTE   Cosí, come me.

PROSTITUTA   La mattina presto?

CONTE   No... volevo sapere se qualcuno è già stato da te... senza chiederti nulla.

PROSTITUTA   No, non mi è mai capitato.

CONTE   Cosa pensi, allora? Credi di non piacermi?

PROSTITUTA   Perché non dovrei piacerti? Stanotte ti sono piaciuta.

CONTE   Tu mi piaci anche adesso.

PROSTITUTA   Ma stanotte ti sono piaciuta di piú.

CONTE   Perché lo pensi?

PROSTITUTA   Via, che domanda sciocca!

CONTE   Questa notte... già, dimmi un po', non sono caduto subito lungo disteso sul divano?

PROSTITUTA   Certo... ma con me.

CONTE   Con te?

PROSTITUTA   Sí, te ne sei dimenticato?

CONTE   Io ho... insieme abbiamo... già...

PROSTITUTA   Ma ti sei subito addormentato.

CONTE   Mi sono subito... Ecco... allora è andata cosí!

PROSTITUTA   Sí, Bubi! Devi aver preso proprio una sbor-
nia coi fiocchi, per non ricordare piú nulla...

CONTE   Già... Eppure... c'è una lontana somiglianza... Addio... (*Ascoltando*) Che succede?

PROSTITUTA   La domestica è già in piedi. Va', dàlle qualcosa quando esci. La porta è aperta, risparmi sul portiere.

CONTE   Bene. (*Nell'anticamera*) Dunque... Sarebbe stato
bello, se l'avessi soltanto baciata sugli occhi. Sarebbe
stata quasi un'avventura... E invece non doveva essere
cosí. (*La cameriera gli apre la porta*). Ah... ecco, pren-
da... Buona notte...

CAMERIERA   Buon giorno.

CONTE   Già, è vero... buon giorno... buon giorno...

Indice

p. v *Prefazione* di Paolo Chiarini

Girotondo

3   *Personaggi*

5   I.   La prostituta e il soldato
8   II. Il soldato e la cameriera
12   III. La cameriera e il giovane signore
16   IV. Il giovane signore e la giovane signora
28   V.   La giovane signora e il marito
35   VI. Il marito e la ragazzina
45   VII. La ragazzina e il poeta
53   VIII. Il poeta e l'attrice
60   IX. L'attrice e il conte
68   X.   Il conte e la prostituta

*Stampato per conto della Casa editrice Einaudi
presso la Estroprint, Belvedere di Tezze sul Brenta (Vicenza)*

C.L. 41111

Ristampa
Anno

15 16 17

2004 2005 2006 2007